Die keusche Frucht

KastanienGeschichten und KastanienRezepte

Anmerkung zu einer Kulturgeschichte der Kastanie

Meine ersten Begegnungen mit der Kastanie in der Kindheit waren schmerzhaft: Ein vom Bücken beim Sammeln der Kastanien schmerzender Rücken und zerstochene Finger vom Öffnen der Kastanienigel, dazu kam noch die Angst vor dem Erwischtwerden, wenn wir verbotenerweise im „Villawald“ bei Edenkoben unterhalb von Marstall und Kavaliersbau der Ludwigshöhe „wilderten“, eine Angst, die sich aber meist lohnte, fanden wir doch hier in der Regel die schönsten, weil dicksten Kastanien, so dass der Sack oder der Korb sich rascher füllten als anderswo. Zuhause kamen die Kastanien dann als Gemüse auf den Tisch und waren in der kargen Nachkriegszeit ein gern gesehenes Zubrot in einer eher ärmlichen Küche. Später besserten wir unser spärliches Taschengeld damit auf, dass wir die gesammelten Kastanien verkauften, an Verwandte, an Freunde der Familie, aber auch an das Gemüsegeschäft Ehresmann in der Tanzstraße.

Viele Jahre später, die Kindheitserinnerungen waren längst verblaßt, „erlebte“ ich dann in meiner Zeit als Vorsitzender des Forstzweckverbandes „Vierte Mittelhaingeraide“ die Kastanie aus einer ganz anderen Perspektive. Hier begegnete sie mir als Holz-Baum, als Wirtschaftsgut, das für die Verbesserung des Forsthaushaltes der Gemeinde von großer Wichtigkeit war, erzielte man mit Kastanienholz doch einigermaßen ordentliche Preise bei geringeren

Wiederaufforstungskosten als z.B. bei Kiefer-beständen.
Einer ganz anderen Art der Kastanienkultur begegnete ich dann in den südlichen Tälern der Schweiz, im Bergell und im Tessin. Dort wachsen Kastanien nicht „wild“ im Wald, der allerdings auch bei uns schon längst nicht mehr „Wildnis“ ist, sondern von Menschenhand geschaffene Kulturlandschaft. Sie wuchsen in „Baumgärten“ wie bei uns Obstbäume, in Hainen, den sogenannten Kastanienselven (von lat.silva-der Wald), und werden auch ähnlich behandelt und gepflegt wie bei uns Obstbäume.

Wieder einige Zeit später stieß ich auf dem Pilgerweg nach Santiago de Compostela in Frankreich, aber auch in Nordspanien, vor allem in Galicien, auf ähnliche Anlagen wie in der Südschweiz, auf Haine mit mächtigen, imposanten, Hunderte von Jahren alte Kastanienbäume. Dies führte dann schließlich zu einer intensiven Beschäftigung mit dem Kastanienbaum und seiner Kultivierung als Frucht- wie auch als Holzbaum.

Auf dem Weg nach Santiago de Compostela wurde die Idee zu diesem Buch geboren. Möge es – einschließlich der gesammelten Rezepte – allen Kastanienfreunden viel Freude bereiten.

Franz Schmidt

HMV höma Verlags GmbH & Co. KG
Im Schlangengarten 56
76877 Offenbach
Tel. 06348 959391
Fax 06348 959392
E-mail: info@hoema-verlag.de

Redaktionelle Mitarbeit:
Dieter Hörner
Karin Hechler
Susanne Graap

Fotos:
Franz Schmidt
Karl-Heinz Schmeckenbecher
Gerhard Steinmetz
Robert Wagner
Dieter Hörner

Layout und Gestaltung:
CityMedia Publishing
Hochstadter Straße 2d
76877 Offenbach
Tel. 06348 9836-0
Fax 06348 9836-11
E-mail: info@citymedia-offenbach-de

Druck:
NINO Druck GmbH
Im Altenschemel 21
67435 Neustadt/Wstr.
Tel.: 06327 97430
Fax: 06327 974333
e-mail: info@ninodruck.de

Inhalt

Von der ſtauden/hecken vnd beümen vnder=
Caſtanien.

Von den namen.

Joannes Ruellius erzelt vil namen der Caſtanien/etliche nent er Populares oder Coctiuas / das ſeind die gemeine Caſtanien/etliche nent er Tarentinas/etliche Balanitides/etliche Salarianas/etliche Corellianas/etliche Meteranas/vnd etliche Triangulas. Der gemein name aber iſt/nur Caſtanea/Keſten. Glans Sardiana/Iouis glans/Lopima/Mota vnnd Caſtana / vom lande Caſtanide/ſagt der Nicander in Theriacis. Im Serapione heiſſet ſie Caſtal/Sadianalach vnd Stebuloc/cap.xcviij.

Von der krafft vnd würckung.

Kaſtanien ſeind von natur ein wenig warm vnnd drucken/ſtopffen gemeinlich alle bauchflüß/habē das lob vnď allen eicheln/ſagt Galenus.

Castanea sativa. Ein wenig Botanik

Eines, vielleicht **das** schönste Gedicht über die Kastanie steht in Goethes „West-östlichem Divan“ im „Buch Suleika“:

An vollen Büschelzweigen,
Geliebte, sieh' nur hin!
Laß dir die Früchte zeigen
Umschalet stachlig grün.

Sie hängen längst geballet,
Still, unbekannt mit sich,
Ein Ast der schaukelnd wallet
Wiegt sie geduldiglich.

Doch immer reift von Innen
Und schwillt der braune Kern,
Er möchte Luft gewinnen
Und säh die Sonne gern.

Die Schale platzt und nieder
Macht er sich freudig los;
So fallen meine Lieder
Gehäuft in deinen Schoß.

Eine schönere und genauere Beschreibung der Kastanie, wie sie Goethe im „Buch Suleika“ formuliert hat, kann ich mir kaum denken. In den Versen des Gedichtes vereinigen sich Bildsprache des Dichters und Genauigkeit des beobachtenden und beschreibenden Naturforschers miteinander zu einem unübertrefflichen Ganzen, das in knappster Weise wesentliche Züge und Charakteristika der von Goethe geliebten Früchte, – seine Mutter mußte ihm zur Herbstzeit stets einen Korb mit Kastanien schicken –, darstellt und sie in den beiden Schlußzeilen zum Bild der Dichterliebe werden läßt.

Die Kastanie, botanisch korrekt *„castanea sativa"*, wobei das Adjektiv „sativa" im wissenschaftlichen Namen daraufhinweist, daß die Pflanze „sättigend" ist (Reis = oryza sativa, (Kopf-)Salat = Lactuca sativa), gehört zu den Fagaceen, den Buchengewächsen, und ist mit Eiche und Buche verwandt, nicht aber mit der Roßkastanie, die zu den Rosengewächsen gehört und erst seit dem 16.Jahrhundert bei uns heimisch ist. Aus südlichen Ländern stammend, benötigt die Kastanie ausreichend Wärme, ist deshalb empfindlich gegen die Spätfröste im Frühjahr. Hinsichtlich der Qualität des Bodens ist sie recht anspruchslos, sie gedeiht sowohl auf sauren Schiefer- und Granitböden, wie sie z.B. in den Cevennen, einem wichtigen Verbreitungsgebiet der Kastanie, zu finden sind, als auch auf den mehr oder weniger sauren Buntsandsteinböden entlang des pfälzischen Haardtrandes. Allerdings meidet sie basischen Untergrund und kalkreiche Böden. In der Pfalz klettert die Kastanie in günstigen Lagen auf über 600 m Höhe, in den Cevennen begegnet sie uns zwischen 500 und 800 m Höhe, im Sopraceneri im Tessin, wo sie oft an steilen Süd- bis Westhängen wächst, liegt ihre höchste Baumgrenze bei etwa 1250 m ü.M. Ein wichtiges Kennzeichen der Kastanienwälder ist ihr Reichtum an Pilzen, die in einer Symbiose mit den Wurzeln des Kastanienbaums ideale Bedingungen zum Gedeihen finden.

Kastanienbäume werden nicht selten mehr als 30 m hoch und erreichen oft ein Alter von mehreren hundert Jahren, wie z.B. der Dannenfelser Kastanienbaum, der über 700 Jahre alt ist. In den französischen, in den mediterranen und submediterranen Kastanienkulturen, die dem

einzelnen Baum relativ viel Platz einräumen (nicht selten 100 qm pro Baum) bilden die Kastanienbäume mächtige, schattenspendende Schirmflächen aus, der Stamm ist häufig dann durch Drehwuchs gekennzeichnet, während nördlich der Alpen, z.B. am Haardtrand, die Kastanienbäume eher im geschlossenen Verband aufwachsen, wobei der Stamm hier meist schlanker ist, die Krone weit weniger mächtig. Auch die Belaubung unserer heimischen Kastanienbäume ist weniger dicht als die der mediterranen Kulturen. Daneben finden wir Kastanien in der Pfalz auch häufig im Niederwald. Die vielleicht mächtigsten Kastanienbäume sollen am Fuße des Ätna wachsen, z.B. der „Castagno dei cento Cavalli" (der Kastanienbaum der hundert Pferde) bei Sant'Alfio, dessen fünfgeteilter Stamm 64 m Umfang hat. Der Legende nach soll Königin Johanna I. von Anjou (die in Wirklichkeit nie in Sizilien gewesen ist) bei einem Jagdausflug am Fuß des Ätna in ein fürchterliches Unwetter geraten

sein, vor dem sie sich mit ihrem ganzen Jagdgefolge, das aus hundert Damen zu Pferd bestanden haben soll, in den Schutz dieses gigantischen Kastanienbaums geflüchtet habe. Seither trage der Baum seinen Namen. Aus forstwirtschaftlicher Sicht ist es sicher vorteilhaft, daß sich die Kastanien bei uns durch Stockausschläge vermehren und erneuern. In Ländern mit intensiven Kastanienkulturen wachsen Kastanien selten „wild" wie in der Pfalz, sondern werden in

Kastanienhainen (Selven) kultiviert und durch Pfropfen veredelt, weil man hofft, dadurch eher den Zeitpunkt der Reife und auch die Qualität der Früchte beeinflussen zu können. Die Rinde des Kastanienbaums ist glatt, geht allerdings bei älteren Bäumen in eine von Längsrissen durchzogene, zerklüftet wirkende Borke über.

Die Blätter der Kastanie sind länglich und lanzettförmig, fühlen sich an der Oberseite lederartig an und sind dunkel-, auf der Unterseite eher blaßgrün. Kastanien blühen im Juni, zeitlich etwas vor den Reben, was sie eher der Gefahr der Spätfröste aussetzt als diese. Die Kastanie hat zwei Arten von Blüten, männliche Kätzchen, die bis zu 30 cm lang werden und hellgelb sind, sowie weibliche Blüten, die am Grunde der männlichen Scheinblüten sitzen. Bestäubt werden die weiblichen Blüten einerseits durch den Wind, andererseits aber auch durch Insekten (Bienen, Hummeln, Käfer), die vor allem durch den süßlich-herben Duft der männlichen Kätzchen angelockt werden. Von der Blattentfaltung bis zur Fruchtreife benötigt die Kastanie mehr als 160 Tage. Die Früchte sitzen in stacheligen Hüllen, in der Pfalz häufig als „Igel" bezeichnet, wobei ein Igel bis zu drei Früchte enthält, im Unterschied zu den sogenannten Maronen, bei denen der Igel nur eine große Frucht enthält. Was „Marone" und was „Kastanie" genannt und als solche jeweils vermarktet werden darf, ist eine Frage der Definition, und die ist in Italien anders als in Frankreich und in der Schweiz nochmals anders, d.h. die Unterschiede zwischen Maronen und Kastanien sind weniger botanischer als kommerzieller Natur.

Die Kastanienbestände in Frankreich, Italien, aber auch der Schweiz wurden und werden seit den 70er Jahren des 19.Jahrhunderts durch zwei Krankheiten bedroht: einmal durch die „Tintenkrankheit", verursacht durch die Pilze Phytophthora cinnamoni und Phytophthora cambivora, und durch den „Kastanienkrebs", ebenfalls durch einen Pilz verursacht, durch Cryphonectria (auch Endothia) parasitica. In Amerika hatte der Kastanienkrebs innerhalb weniger Jahrzehnte die Vorkommen der amerikanischen Kastanie fast vollständig zerstört, eine ähnliche Entwicklung schien zeitweise auch für Europa zu drohen. Allerdings erwiesen sich die europäischen Kastanien auf der Alpensüdseite als widerstandsfähiger, außerdem wurde der Pilz selbst von einem Virus befallen, der seine Aggressivität verminderte. Dennoch war es notwendig, zu versuchen, gegen beide Krankheiten Gegenmittel zu entwickeln, was bei der Tintenkrankheit aber mit nur geringem Erfolg gelang, deshalb hat in Frankreich das INRA (Institut National de Recherche Agronomique) in Bordeaux verstärkt versucht, gegen beide Krankheiten resistente Sorten zu züchten, ob mit Erfolg ist noch ungewiß. Im übrigen gibt es nach Aussage des INRA inzwischen weltweit mehr als 700 Kastanienvarietäten.

Nach Angaben der FAO wurden 1999 weltweit etwa 500 000 t Kastanien produziert, davon in Europa etwa 160 000. Die wichtigsten Produzenten in Europa sind Italien (78 000), Spanien (20 000), Portugal (20 000), Griechenland (11 000), Frankreich (12 000).

Über Namen, Herkunft und Verbreitung der Kastanie

Einst verliebte sich der Göttervater Jupiter in die schöne Nymphe Nea. Diese aber wies seine Zuneigung zurück und verweigerte sich dem Drängen des verliebten Gottes. Um ihre Unschuld zu bewahren, tötete sich Nea selbst. Jupiter aber verwandelte die sterbliche Hülle der Nymphe in einen prächtigen Baum, die Casta Nea (die keusche Nea von lat.casta-keusch), deren stachelige Früchte an dieses traurige Ende eines mißglückten Abenteuers des Göttervaters erinnern sollen.

Auch wenn dies nur eine schöne Legende ist, so lassen sich doch in der Tat viele Bezeichnungen für die Kastanie mehr oder weniger vom lateinischen Namen castanea ableiten, ob es sich um unser Kastanie oder um das russische kasthanu, das bretonische kisten, um das französische châtaigne, das italienische castagno, das spanische castano handelt. Allerdings kann man das lateinische Wort seinerseits wieder vom griechischen to kastanon herleiten, das wohl mit der Stadt Kastanis in Thessalien in Verbindung steht, freilich könnte aus kastanon auch der Name der Stadt abgeleitet sein, Kastanis „Kastanienstadt", ähnlich wie Granada „Granatapfelstadt" oder Selinunt „Selleriestadt". Auch im Persischen begegnet uns das Wort kastha als Bezeichnung für die getrockneten Früchte und sogar in der heiligen Sprache der Brahmanen in Indien als kâsta, auch das armenische kask „Kastanie" gehört hierher. All dies aber verweist wohl auf Kleinasien als die „Urheimat" unserer Kastanien. Von dort verbreiteten sie sich über den Schwarzmeer- und den Mittelmeerraum und über die Alpen. Im Tertiär war die Kastanie eine der häufig auftretenden Blütenpflanzen bis nach Island. In Frankreich wurden in Saint Bauzile in der Ardèche versteinerte Kastanienblätter und

eine versteinerte Kastanie aus dem Tertiär gefunden, 8,5 Millionen Jahre alt. Überlebt hat die Kastanie die Eiszeiten in einigen Rückzugsgebieten auf dem Balkan, aber auch in Mittelitalien, z.B. der Emilia Romagna, wie neuere paläobotanische Untersuchungen zu beweisen scheinen, und anderen Mittelmeerregionen. Der Kastanienbaum ist bis heute mit seiner Verbreitung südlich des Alpenhauptkammes (Südtirol, Tessin, Italien), aber auch in Frankreich, Spanien, Portugal, Griechenland, der Türkei, in der Pfalz, in Kärnten, der Steiermark, in Ungarn stets „südlichen Klimas bester Zeuge", wie es Ludwig I. in einem Brief an Johann Martin von Wagner von der Ludwigshöhe, „die mit süßen Früchten bedeckte Kastanienbäume... umgeben“, ausdrückt. Einer Notiz im Geheimen Hausarchiv der Wittelsbacher zufolge ließ Ludwig I. zwischen 1847 und 1862 um sein Schloß Villa Ludwigshöhe und entlang des Weges zum Schloß 24 395 Kastanienbäume zur Erhaltung des Baumbestandes pflanzen.

Natürlich gibt es angesichts dieses Verbreitungsmusters der Kastanie mannigfaltige Hinweise und Nennungen in der lateinischen Fachliteratur für die Landwirtschaft, etwa bei Plinius in seiner „Naturalis historia" und ihren Anweisungen zum Setzen und Veredeln der Kastanien durch Pfropfen, aber auch Hinweisen auf das günstigste Klima und die beste Höhenlage für den Kastanienbaum, bei Cato und natürlich auch bei Columella, einem Zeitgenossen Senecas. Plinius und Columella befassen sich beide mit dem Zusammenhang zwischen Weinbau und Kastanienkultur, „*Castanea...stabilendis vinis habilis*“ (Columella) weist auf die Bedeutung der Kastanienbäume hin, die wertvolles Holz für das Lattengerüst im Weinberg liefern, auch Plinius geht auf die Bedeutung des Kastanienholzes für den Weinbau ein. In der römischen Literatur wird die Kastanie mehrfach genannt, z.B. in jenen berühmten Versen in Vergils 1.Ekloge, wo von den „castaneae molles", den süßen Kastanien, die Rede ist: *„Hic tamen hanc mecum poteras reqiescere noctem fronde super viridi: sunt nobis mitia poma, castaneae molles et pressi copia lactis...“,* („Aber du konntest doch wohl die eine Nacht bei mir ausruhn auf einer Streu von Laub: Ich habe schon reife Äpfel, süße Kastanien auch und viel Käse...“,) eine Stelle, die zum Zitatenschatz des humanistisch Gebildeten gehörte und die wohl auch Ludwig I. in seinem Brief an Wagner indirekt zitiert. Der Topos „castaneae molles“ wird immer wieder aufgegriffen, so auch z.B. in den „Metamorphosen“ Ovids, wenn der in Galathea verliebte Polyphem dieser verspricht: *„Bin ich dein Gatte, so schwelgst du in Früchten des Erdbeerbaums und in Kastanien, denn jeder Baum, dir schenkt er die Gaben.“.* Natürlich dürfen Kastanien auch nicht auf der Tafel fehlen, so werden sie nach einem Epigramm Martials zusammen mit Trauben, syrischen Birnen, mild im Wasserdampf gegart, mit Wein als Nachtisch angeboten, und in der „Kochkunst" des römischen Gourmets Apicius finden

Lenticulum de castaneis

"(Koche die Linsen.) Nimm einen neuen Topf und gib die sorgfältig gereinigten Kastanien hinein. Füge Wasser und etwas Natron hinzu. Lasse dies kochen. Während die Kastanien kochen, zerstampfe im Mörser Pfeffer, Kümmel, Koriandersamen, Minze, Raute (Weinraute), Laserwurzel (lt. Plinius d.Ä. im 1.nachchristl.Jh.ausgestorben, ersetzt durch Asafötida, Teufelsdreck) und Flohkraut. Befeuchte die Mischung mit Essig, Honig und liquamen (bei den Römern sehr beliebte Fischsauce, Flüssigsalz), schmecke mit Essig ab und gieße sie über die Kastanien, wenn sie gar sind. Füge Öl hinzu und lasse das Ganze aufkochen. Rühre kräftig um. (Mische die Kastanien mit den Linsen.) Probiere: wenn noch etwas fehlt, füge es zu. Serviere in einem boletar und gieße bestes Öl darüber.“

wir selbstverständlich auch ein Kastanienrezept, das berühmte „lenticulum de castaneis“.

Am Ende der Antike sind es dann schließlich die Langobarden, die im Norden Italiens den Kastanienanbau schützen und fördern. Ein Edikt des Langobardenkönigs Rothar aus dem Jahre 643 nennt die Kastanie als Erste in einer Reihe von wertvollen Obstbäumen (de arboribus fructuosis), die besonders geschützt werden und deren unerlaubtes Fällen schwere Strafen nach sich zieht.

Ob nun wirklich die Römer die Kastanien zusammen mit dem Weinbau über die Alpen brachten, wie immer behauptet wird, ist zumindest nicht eindeutig bewiesen, denn die direkten archäobotanischen Nachweise für diese Behauptung sind mehr als spärlich, schriftliche Beweise dafür fehlen gänzlich. Aus Mainz gibt es einen vermutlich römerzeitlichen Holzfund, in Vindonissa in der Schweiz römerzeitliche Pollen-und Samenfunde. Grabungen in der römischen Hafenanlage von Straubing förderten Kastanien ans Tageslicht, Ausgrabungen in der Siedlung „Waldmatte“ bei Brig im Wallis römerzeitliche Kastanienpollen, außerdem gibt es ebenfalls römerzeitliche Pollenvorkommen in der Wetterau und bei Gießen. Ins 6.Jahrhundert zu datieren ist eine Kastanienfrucht in einem Grab im spätrömisch-fränkischen Gräberfeld von Krefeld-Gellep. Auffällig ist, daß es an keiner der Fundstellen von Früchten Hinweise auf Kastanienbäume als Fruchtproduzenten gibt, woraus man folgern könnte, daß es sich bei den Früchten um Importe handelt, sind Kastanien aufgrund ihrer Haltbarkeit doch leicht zu transportieren, bei den Pollen um zufälligen Anflug. Es gibt allerdings auch eine Reihe von Funden, die darauf hinweisen könnten, daß Kastanien schon vor dem Eindringen der Römer nördlich der Alpen existierten, so z.B. bronzezeitliche Pollenfunde auf dem Auerberg bei Marktoberdorf im Allgäu (datiert um

1380 v. Chr.), Pollen in späteiszeitlichen Schichten bei Genf und im Berner Mittelland, eine Kastanie in der spätbronzezeitlichen Siedlung Greifensee-Böschen bei Zürich, Kastanienholz in Pfahlbauten am Bieler See, ein eisenzeitliches Heiligtum aus Kastanienholz in der Steiermark und zwei Kohlenstücke aus Kastanienholz aus der Hallstattzeit am Kaiserstuhl. Spätestens zu Beginn der Bronzezeit scheint die Kastanie die Alpen überschritten zu haben, doch dürften ungeachtet dieser vorrömischen Funde, auch der zahlreichen Pollenfunde von der Auvergne, über die Vogesen, die Südwestschweiz bis nach Tirol, erst die Römer mit ihrer auf einer hohen Entwicklungsstufe stehenden Landwirtschaft durch Neuanpflanzung die Kastanienkultur nördlich der Alpen initiiert bzw. intensiviert haben, wie es ja auch beim Weinbau der Fall war. Wilde Weinreben wuchsen zwar auch schon vor Ankunft der Römer am Rhein, doch lieferten diese nur kleine und zudem saure Beeren im Gegensatz zu den veredelten römischen Reben mit ihren wohlschmeckenden Trauben, auf die die Invasoren nicht verzichten wollten. Die Römer brachten neben neuen Kulturpflanzen wie Pfirsich und Aprikose vor allem auch neue Agrartechniken mit über die Alpen, insbesondere die Methode des Pfropfens, die auch für die Kultivierung des Kastanienanbaus wichtig gewesen sein dürfte. Die Römer nutzten Holz und Früchte der Kastanie in vielfältigster Weise, da liegt es wohl nahe, daß sie diese auch nördlich der Alpen dort kultivierten, wo dies klimatisch möglich war, dort nämlich, wo sie auch Reben anpflanzten, und für das Anlegen der Weinberge benötigten die Römer eben auch das geschätzte Kastanienholz. So bedingt das eine das andere, die Früchte selbst aber fanden auf dem Weg nach Norden leicht Platz im Reisegepäck eines Beamten oder Legionärs.

Schriftliche Hinweise auf Kastanien gibt es nördlich der Alpen erst im 7. und 8. Jahrhundert: im „Liber in Gloria Martyrum" des Gregor von Tours werden Kastanien erwähnt, im St.Galler Klosterplan ist im Baumgarten ein castenarius (Kastanienbaum) eingezeichnet und im capitulare de villis Karls des Großen, einer Art Handbuch für die Verwaltung der Krongüter, wird die Anweisung erteilt, neben verschiedenen Sorten von Apfelbäumen, neben Birnen- und Pflaumenbäumen, Ebereschen, Mispeln und Pfirsichbäumen auch Edelkastanien, „castaneos", zu halten. Bei Grabungen im Louvre in der Cour Napoléon wurden in einem Graben aus dem 7.Jahrhundert Kastanien und Reben gefunden. Ingesamt aber bleiben Kastanienbelege im Mittelalter, auch im hohen und im späten Mittelalter, eher spärlich, sieht man einmal von etwas zahlreicher werdenden spätmittelalterlichen Funden in städtischen Latrinen ab, z.B. in Konstanz und Heidelberg, aber auch in einigen norddeutschen Städten, wie z.B. in Göttingen, wo Kastanien in der Zollrolle von 1410 erwähnt werden, sich aber auch in Latrinenablagerungen aus dem 13.-16.Jahrhundert nachweisen lassen. Erstaunlicherweise enthalten die spätmittelalterlichen und frühneuzeitlichen Kochbücher keine Kastaniengerichte, nur in dem 1490 in Nürnberg erschienenen Ratgeber des Hans Folz „Von allem Hawßrath" gehören auch Kastanien zu dem, „was man als haben mus ins haus". In den Versen 117-125 seiner Haushaltslehre schreibt Folz:

„Vort ich mich in den keller mach
Ob nit ein truncklein folge hernach
Im keller bedarff man zur zu bueß (=Vorrat)
Wein byer kraut ruben opffelmuß
Birn quitten kesten meßpeln gleich (mispel = apfelähnliches Obst)
Nach dem eyner arm ist oder reich
Ein saure milch zu dem gebraten
Kan man bey gesten hart geraten (hart = schwer)
Und vil geschlecx das man ein macht." (geschlecx = Schleckerei, Näscherei)"

Das Brot des Waldes

„L'albero del pane", Brotbaum, „le pain de bois", das Brot des Waldes, Brot der Armen, „pain de grâce" (Gnadenbrot), „pain de la providence" (Brot der Vorsehung) diese Namen trägt der Kastanienbaum, trägt die Kastanie in den Regionen, in denen sie über Hunderte von Jahren die Ernährungsgrundlage bäuerlicher Gemeinschaften in den „Terres des Castanides", wie Jean-Robert Pitte die Kastanienkulturen genannt hat, bildete: im toskanischen Appennin, in der Lunigiana und Alta Versilia, in der Garfagnana, im Mugello, vom Casentino bis zur Amiata, in Ligurien, im Tessin, im Bergell, auf den Bergen rund um den Comer See, im Piemont, besonders um Saluzzo, Ivrea und Cuneo herum, auf den Bergen von Brescia, in der Emilia Romagna, in Teilen Umbriens, aber auch in einigen Regionen Kalabriens, der Campagna und in Latium, in Frankreich: *„Dauphiné, Hochprovence, ein Teil des Languedoc, Vivarais, Gévaudan, das Velay, aber auch die Auvergne, das Limousin, das Périgord, die Guyenne und auch ein paar andere Orte"*, wie Olivier de Serres um 1600 schreibt, wobei man noch Korsika hinzufügen muß. Ihr Reichtum an Nährstoffen, aber auch ihre hohe Haltbarkeit hat die Kastanie vom Mittelalter bis in die zweite Hälfte des 19.Jahrhunderts zu einem Grundnahrungsmittel in diesen Regionen werden lassen, mit einer breiten Palette von Zubereitungsmöglichkeiten: frisch, getrocknet, gebraten, gekocht, als Mehl, aber auch in Verbindung mit anderen Nahrungsmitteln.

Die Kastanie ist reich an Kohlehydraten (73% getrocknet, 40% frisch), dabei liegt der Anteil deutlich über dem von Getreide, von Weizen, Gerste, Roggen oder Mais. Auch der Fettanteil der Kastanie ist höher als der von Getreide, während der Eiweißanteil der Kastanie niedriger ist. Die Kastanie enthält Lein-, Palmitin- und Ölsäure, Elemente, die vorbeugend gegen Leber-, Blut- und Atemwegserkrankungen wirken, die Vitamine B1 und B 2, die wichtig für den Stoffwechsel sind, sowie Vitamin C. Außerdem enthält die getrocknete Frucht, die in diesen traditionellen Gesellschaften häufig zu Mehl verarbeitet wurde, auch eine Reihe von Mineralstoffen: Kalium, Phosphor, aber auch Schwefel, Magnesium, Calcium und Natrium.

Ariane Bruneton-Governatori in ihrem für Frankreich grundlegenden Werk über die Kastanienkultur: „Le pain de bois. Ethnohistoire de la châtaigne et du châtaignier", Toulouse 1984, unterscheidet zwischen Regionen mit gelegentlichem Kastanienkonsum, Regionen mit „jahreszeitlich bedingt eingeschränktem Konsum, Typ Nahrungsmittel zur Überbrückung", Gegenden mit „jahreszeitlich bedingt ausgedehntem Konsum, Typ Nahrungsmittel zum Überleben" und Gegenden mit „regelmäßigem Konsum, Typ Grundnahrungsmittel", wobei in den Gegenden, die zur dritten Kategorie gehören, die Kastanie über mehrere Monate hinweg Nahrungsgrundlage ist, wie z.B. bis ins 19.Jahrhundert in der Auvergne, in den Cevennen, im Limousin, im Périgord, zur vierten Kategorie, in der die Kastanie das ganze Jahr über die Grundlage für die Ernährung der Menschen bildete, gehörten noch im 19.Jahrhundert Korsika und einige Bergregionen in Italien. In Korsika begann schon für die Kleinsten der Tag mit der Kastanie, mit *pappula,* einem aus Kastanienmehl gekochten Brei, dem man etwas Olivenöl zufügte. Für die Erwachsenen begann der Tag entweder mit *brilluli,* einer Kastanienmehlsuppe mit Milch, oder mit getrockneten

Brilluli

Zutaten: *400 gr.Kastanienmehl, 1 Liter Wasser, Salz*

Zubereitung:
Das Mehl in einen Topf schütten, in einer Kasserolle einen Liter gesalzenes Wasser zum Kochen bringen, das kochende Wasser langsam über das Mehl gießen und dabei stets mit einem hölzernen Kochlöffel rühren, dann 5 bis 6 Minuten auf kleinem Feuer köcheln lassen, dabei weiter rühren, um Klümpchen zu vermeiden.
Brilluli muß die Konsistenz eines Pürées haben. Warm mit Schafs- oder Ziegenmilch essen.

Kastanien, die man zuvor in Milch gekocht hatte.

Mußte man zur Arbeit das Haus verlassen, nahm man neben *pisticcina,* einer Art Brot aus Kastanienmehl, ein Stück mageren Speck (panzetta), Käse und Wein mit. Um eventuellen Heißhunger besser stillen zu können, steckte man zusätzlich getrocknete Kastanien (castagne bianche) in die Tasche, vor allem wegen ihres großen Nährwerts. Auch abends war die Kastanie wiederum das Hauptnahrungsmittel, gekochte oder gebratene Kastanien oder *pulenda* aus Kastanienmehl oder *fritelli,* eine Art Krapfen, meist mit *brocciu,* einem Sauermilchkäse, vergleichbar dem italienischen Ricotta, den man gezuckert oder naturbelassen aß, oder *nicci,* eine Art Crêpe.

Natürlich wechselte je nach Jahreszeit die Menge und die Art der Zubereitung, aber für alle gehörte das Kastanienmehl das ganze Jahr über zur täglichen Nahrung. Dabei nahm man für die *fritelli* offensichtlich nicht das beste Mehl, heißt es doch in einem korsischen Klagelied, einem voceru: *„Bona farina, un so da fà frittelle" (Das gute Mehl nimmt man nicht, um fritelle zu backen),* das beste Mehl nahm man für die *pulenda,* da das Kochen dem Geschmack weniger abträglich war als das Ausbacken in schwimmendem Fett. Heute wird die *pulenda* meist nur noch bei festlichen Anlässen zubereitet.

Auf der rechten Seite drei der traditionellen korsischen Kastanienspeisen:

Pulenda

Zutaten: *1 kg Kastanienmehl, 2 Liter Wasser, Salz*

Zubereitung: *gesalzenes Wasser in einem großen Topf zum Kochen bringen, das Kastanienmehl nach und nach unter ständigem Rühren in das kochende Wasser rühren, etwa 15 Minuten kochen lassen, dabei stets kräftig rühren, die Polenta vom Topf lösen und auf ein weißes, mit Kastanienmehl bestäubtes Leintuch geben, mit einem zweiten Leintuch bedecken und zu einem Laib formen, fünf Minuten ruhen lassen, in Scheiben schneiden. (Man kann die pulenda mit brocciu (ersatzweise Ricotta), Spiegeleiern, gebratenem Lamm oder Zicklein, mit figatellu (korsische Leberwurst), Bratwurst oder Kochwürsten essen, die pulenda kann man auch braten.)*

Nicci

Zutaten:
250 gr. Kastanienmehl,
100 gr. brocciu (Ricotta),
1 Stück Speck zum Einfetten der Form (Pfanne, Crêpepfanne), etwas Salz

Zubereitung:
Kastanienmehl mit Wasser und Salz zu einem Crêpeteig verarbeiten, den gut ausgedrückten und zerbröselten brocciu hinzufügen, mischen, Pfanne oder Crêpepfanne mit dem Speck leicht einfetten, warm werden lassen, die erste Teigportion einfüllen, braten, erst die eine Seite braten, bis sich der Crêpe leicht vom Boden löst, umdrehen, um die andere Seite zu braten, so mit dem gesamten Teig verfahren.

Fritelli

Zutaten: *200 gr. Kastanienmehl, 100 gr. brocciu (Ricotta), 1 Ei, etwas Salz, Fritieröl (ergibt etwa 15 fritelli)*
Zubereitung: *Aus Mehl, Ei, Salz und Wasser einen leichten Teig zubereiten, den brocciu zerbröckeln und mit dem Teig verrühren, einen Löffel des Teigs mit brocciu in das Fritieröl geben bis sich die fritelli aufblähen, sofort das Feuer verkleinern und die fritelli goldfarben werden lassen, so weiter verfahren bis der Teig völlig aufgebraucht ist. Die fritelli auf Küchenkrepp abtropfen lassen, warm essen.*

Auch in einigen Regionen Italiens waren im späten Mittelalter und der frühen Neuzeit Kastanien **das** Grundnahrungsmittel schlechthin, so z.B. in den Bergen um Pistoia, dort stellte ein Notar fest: *„Die Ärmsten essen nichts außer Kastanien und trinken*

Wasser.“ Und der Fürst von Massa und Carrara konstatierte, daß in der Alta Versilia ein großer Teil seiner Untertanen sich den überwiegenden Teil des Jahres nur von Kastanien ernährte. Im Casentino ist um 1630, so bemerkte ein Zeitgenosse, die Kastanie *„das Hauptnahrungsmittel des Landes“*. Und in der Garfagnana stellte ein unbekannter Dichter im 16.Jahrhundert fest, daß es kaum Fleisch gibt, daß der Wein klares Wasser ist und daß *„das Brot die Kastanien sind“*. *„Kastanien sind das Brot der armen Leute, sie haben nichts anderes zum Essen. Die Menschen sind so arm, daß sie weder Korn noch Hafer ernten, sondern nur Kastanien, mit deren Ernte sie vom September bis Ende Dezember beschäftigt sind, um das Jahr über leben zu können“*, heißt es in einer Chronik aus der Amiata. Für viele arme Berggemeinden in Italien, deren Boden für Getreide ungeeignet war, waren die Kastanien am Ende des Mittelalters und an der Schwelle zur Neuzeit **das** Mittel, um zu überleben. Die Kastanien lieferten nicht nur die Nahrungsgrundlage, sondern ihre Blätter dienten als Streu für die Tiere, lieferten Kompost, ihre Blüten Nektar für die Bienen, die daraus Honig zubereiteten, und das Gras der Kastanienhaine diente zu bestimmten Zeiten als Weide für die Schafe und Ziegen, aber auch der Rinder. Im Zusammenhang mit der Pflege des Kastanienbaums und seiner Früchte entwickelten die Menschen zahlreiche wichtige Techniken, so daß man mit gutem Grund von einer „Kastanienkultur“ in diesen Gegenden sprechen darf.

Die Kastanie bestimmte in der Erntezeit von den ersten Tagen des September bis zu den letzten Tagen des Dezembers während vier Monaten das gesamte Leben: es war eine Periode, in der die Gerichte geschlossen waren, und die Schuldsachen ruhten, um den Armen die Gelegenheit zu geben, sich für die langen Monate bis zur nächsten Ernte mit den nötigen Nahrungsmitteln zu versehen. Alle waren mit der Ernte der Kastanien beschäftigt, Frauen und

Kinder mit dem Auflesen der Kastanien, die Männer mit dem mühseligen und nicht selten gefährlichen Geschäft des Herunterschlagens der Kastanien, gefährlich deshalb, weil sie nicht selten dazu auf die Bäume hinaufklettern mußten. Die Kastanie bestimmte den Rhythmus des Lebens in den Dörfern. Sie war nicht nur Grundnahrungsmittel in bestimmten Regionen, sondern von ihr lebte direkt und indirekt eine beträchtliche Zahl von Menschen: die Handwerker, die das Holz verarbeiteten, die Köhler, die Maultiertreiber, die die Kastanien auf die Märkte brachten, die Händler, die mit dem Austausch zwischen Kastanie und Getreide ihr Glück machten, die Müller, die die Kastanien in

ihren Mühlen in Mehl umwandelten, aber auch die städtischen Kaufleute und Spekulanten, die den Kastanienbauern Kredite auf die Ernte gewährten, sie alle profitierten von der Kastanie, in Italien, in Frankreich, in allen Kastanienregionen.

„Die Kastanie ist also die große Sache dieses Berglandes." schreibt Emanuel LeRoy Ladurie in seinen „Bauern des Languedoc" über das Kastanienanbaugebiet in den Cevennen, wo

in 43 Dörfern zwischen Alès und Le Vigan die Kastanie nicht eine Anbauart neben einer anderen war, nein, *„Sie ist die Königin, die Herrin des Bodens, manchmal der einzige Okkupant.“* schreibt LeRoy Ladurie und fährt wenige Zeilen weiter fort: *„Den Boden um sie herum hacken, sie beschneiden und veredeln, das ist das Anliegen der Herren des Bodens: So sind denn im Januar 1586 und noch einmal im Mai eine ganze Schar von Arbeitern damit beschäftigt, die castanets des Seigneur von Barjac, an der Grenze zur Lozère, zu stipar und reboudar. Andere Arbeiter sind auf den Steilhängen damit beschäftigt, die murailles, die Mäuerchen, zu reparieren oder aufzubauen, die die Terrassen der Pflanzungen stützen; sie werden mit Speck und weißen Kastanien bezahlt, der Volksgrundnahrung in dieser Gegend. Sogar der Tisch der Schloßherrin ist mit Weizen, Wein, Speck und Kastanien gedeckt. Und wenn der Kastanienbaum gedeiht, gedeiht auch der Halbpächter; Christoph de Barjac schreibt im Jahre 1586 an das Fräulein von Aulnes, seine Schwester. Seiner Meinung nach geht dieses Jahr alles gut, die Mädchen wachsen und sind* „fort galhardes“ (sehr munter); *die Kastanien sind schön und wenn sie sich gut verkaufen, wird Pénarié (der Halbpächter) reich werden,* „denn er hat viele und er arbeitet tüchtig“. Und trotz dieses sichtbaren Reichtums des Halbpächters bleibt die Kastanie das „Brot der Armen“, die Hauptnahrung der Cevennenbewohner, geschält, roh, getrocknet, zu Mehl vermahlen, als Brot, das schwarz wie Kohle ist, verbacken, aber auch ihre Währung, mit der sie den Arzt bezahlen, mit der sie ihre Abgaben an ihre Herren leisten, in einem *„Land ohne Brot, einem Man-*

gelgebiet, Mitglied jener Internationale des Elends und des Kastanienbaums, die man auf der weiten Fläche zwischen den Gebirgen Estremaduras und denen des Rouergue und Savoyens findet."
In den Krisen des 14.Jahrhunderts bleiben aber auch die Städte nicht verschont, müssen auch die Städter auf den Weizen und das „weiße Brot", das eine Art Statussymbol für sie darstellte und ihre Lebensweise von der bäuerlichen abgrenzte, verzichten, ein Verzicht, der von vielen als Demütigung, weil quasi Rückkehr zum bäuerlichen Leben, empfunden wurde, insbesondere dann, wenn man gar auf Kastanienmehl ausweichen mußte. Zwar stellt Dalechamps in seiner „Histoire générale des plantes" 1615 fest: *„Die Kastanie ist das Dessert für die Tafel der Reichen wie das Fleisch für die Armen."*, doch gilt ersteres nur für kulinarische Feinheiten wie Kastaniencrème, Kastanienkonfekt u.ä. und nicht für das „rohe" Kastanienmehl gegen das Voltaire im „Dictionnaire philosophique" 1764 seine „Philosophie des weißen Brotes" setzt.

In einem landwirtschaftlichen Handbuch aus der Mitte des 19.Jahrhunderts vergleicht der Verfasser die Kastanienernte mit dem Manna der Bibel, die Kastanie sei wie das Manna, das dem Volk Israel beim Zug durch die Wüste vom Himmel gefallen ist, man müsse sich nur nach den Früchten, die vom Baum fallen, bücken und sie aufheben, der Erfolg des Einzelnen sei nur von der Emsigkeit abhängig, die er an den Tag lege, um die Früchte den Nachbarn und den wilden Tieren streitig zu machen, *„ist das nicht der Traum, das Eldorado der Sozialisten?"* Eine Ernte, die vom Himmel fällt, eine Ernte, die keine andere Arbeit erfordert als das Einsammeln der Früchte? Ganz so einfach und wenig mühevoll ist weder die Ernte der Kastanien noch die Anlage und Pflege der Kastanienhaine. Für die Anlage des Kastanienhains muß der Boden entsprechend vorbereitet werden, an steileren Hängen müssen Mäuerchen aufgeschichtet werden, um der Pflanzung Halt zu geben, um das Regenwasser auffangen zu können, um ein Wegschwemmen der Erde zu verhindern. Die Bäumchen müssen gepflanzt und Wildlinge durch Pfropfen veredelt werden, um einen möglichst reichen Ertrag durch den Anbau entsprechender Sorten zu erzielen. Und dann gilt es, die Neuanpflanzung zu pflegen, und es gilt zu warten, bis die ersten Früchte reif werden. Die Zeit, bis ein Kastanienbaum vollen Ertrag bringt, ist sicher abhängig von Sorte, Standort, Klima. Dass es ziemlich lange dauert, verdeutlicht ein Sprichwort aus der Vaucluse:

Oulivié dé toun gran
Castagné dé toun péro
Amouri´tiouné

Den Olivenbaum von deinem Großvater
Den Kastanienbaum von deinem Vater
Den Maulbeerbaum für dich

Kastanienbäume erfordern das ganze Jahr über eine entsprechende Pflege. Im Frühjahr vor allem müssen die Kastanienbäume ausgeputzt werden, d.h. abgestorbene und unnütze Äste werden entfernt. Daneben empfehlen landwirtschaftliche Ratgeber gelegentlich auch eine Bewässerung der Kastanienbäume, zumindest unmittelbar vor der Ernte. So schreibt z.B. der arabische Gelehrte Ibn Al Awam in seinem Buch über die Landwirtschaft (Kitab al Felahah) zu Beginn des 13.Jahrhunderts: *„Hadj von Granada schreibt vor, man müsse dem Kastanienbaum ab Anfang September bis zur Ernte der Früchte viel Wasser geben, und zwar Tag und Nacht auf den Fuß des Baumes , weil dadurch die Kastanien anschwellen würden und das Fruchtfleisch sehr groß würde.*“, eine Gepflogenheit, die vor allem im Mittelmeerbereich zu beobachten ist. In einigen Kastanienanbaugebieten werden die Kastanienhaine auch ab und zu gepflügt, so bestimmt z.B. ein Pachtvertrag zwischen der Chartreuse de la Verne und dem Pächter Jacques Béringuer aus dem Jahre 1758, daß der Pächter verpflichtet ist *„die Kastanienpflanzung zu pflügen ,und die Charteuse ihm dafür jährlich zwei Tage den Pflug gibt, und er, der Pächter, verpflichtet ist, dafür den Ochsenhirten und die Ochsen zu verpflegen.*". Und in Figeac findet sich als Bemerkung in einer die Kastanienhaine betreffenden Enquête, daß „man (die Kastanienhaine) *pflügt, um das Wachstum zu verbessern, dabei häuft man um den Fuß des Stammes Erde an.*" Gedüngt werden die Kastanienbäume, indem man um sie herum einen Graben aushebt, den man mit Kastanienblättern füllt, die als Dünger während des Winters dienen. Aus Pistoia wird berichtet: *„Der Abfall aus Blättern und totem Holz, aus verrotteten Blättern, aus Farnkraut, aus Tüpfelfarn, aus Ginster bildet fast das gesamte Düngematerial für die Kastanien.*" Eine wichtige Arbeit im Jahreslauf ist die Säuberung des Bodens vor der Kastanienernte, einerseits um dadurch das Wachstum der Bäume zu fördern, andererseits aber auch um die Ernte zu erleichtern und zu verhindern, daß allzu viele Früchte im hohen Gras liegenbleiben. Das Mähen von Farnkraut und Gras ist vor allem eine Aufgabe der Frauen.

Vom ersten Austreiben der Knospen über die Blüte im Juni bis zur Ernte aber ging früher der Blick des Kastanienbauern nach oben, um die Entwicklung der Früchte zu beobachten, war deren gutes Gedeihen für ihn doch notwendig, um den Winter überstehen zu können. Von dieser Beobachtung zeugen zahlreiche Bauernregeln, in denen, bezogen auf bestimmte Kalendertage, über die Entwicklung der

Früchte berichtet wird. Hier einige Beispiele dafür aus Frankreich:

„Damit der Kastanienbaum Früchte trägt, muß es am 3.Mai schattig sein." (Ardèche)
„An Himmelfahrt müssen die Kastanienigel beginnen zu wachsen, an Fronleichnam müssen sie zu sehen sein." (Savoyen)
„Am Tag des hl.Barnabas (11.Juni) müssen sich die Kastanien zeigen." (Dordogne)
„An Sankt Martial (30.Juni) die Igel groß wie eine Heidekrautlaus,wie eine Zecke." (Limousin)
„Am Fest der hl.Magdalena (23.Juli) müssen die Igel so groß sein wie der Kopf einer Drossel." (Gard)
„Am 15.August (Mariä Himmelfahrt) müssen die Igel so groß sein wie eine Bremse." (Creuse)
„An Sankt Augustin (28.August) ist die Kastanie so groß wie eine Lupine." (Korsika)
„Wenn man am Fest des hl.Rochus (16.August) Kastanien sieht, genügt ein Steinwurf." (Provence)
„Wenn die Kastanien am Tag des hl. Lukas (18.Oktober) noch nicht am Boden liegen, schau nicht auf den Baum, ob sie dort sind." (Gard)

Vor der Ernte, die in vielen Gegenden mit dem St. Michaelstag beginnt, *„per S.Michele, la succiola nel paniere"* (man beginnt am St. Michaelstag die Kastanien aufzulesen, die von sich aus herunterfallen, d.h. ohne die Igel), werden die Kastanienhaine geschlossen, das bedeutet, daß ab diesem Zeitpunkt bis zum Ende der Ernte kein Vieh mehr durch die Haine getrieben werden darf. Für die Ernte gibt es zwei Methoden, einmal das Herunterschlagen der Kastanien von den Bäumen, eine Aufgabe der Männer, und das Einsammeln der heruntergefallenen Kastanien, insbesondere durch Kinder und Frauen. Eine mühselige und oft auch schmerzhafte Tätigkeit, wenn es galt, die Kastanien aus den Igeln herauszuholen. Im Limousin benutzte man dazu gelegentlich eine Art Pinzette aus Holz, nachdem man mit Hilfe eines Steines den Igel ganz geöffnet hatte.

Mit dem Ende der Ernte begann dann die komplizierte Arbeit des Konservierens der Kastanien, die nicht frisch vermarktet wurden. Ein Teil wurde als „grüne" Kastanien frisch eingelagert, in einem Kasten mit Sand, in einem kühlen, trockenen Keller oder wie im Sancerrois im 19. Jahrhundert in der Wohnung in den Betten, ein großer Teil der Kastanien aber wurde in fast allen Kastanienregionen getrocknet: im Tarn z.B. wurden sie 30-40 Tage in der Sonne getrocknet, in der Toskana auf den Öfen. Im Tessin, im Bergell, in den Cevennen, in Korsika und anderen Gegenden wurden und werden die Kastanien in besonderen Trockenhäuschen getrocknet und gleichzeitig geräuchert. Ob clède (Cevennen), cascina (Bergell), grà (Tessin), grataghju oder siccatoghju (Korsika), alle arbeiten nach einem ähnlichen Prinzip: in dem „zweigeschossigen" Häuschen wird im Erdgeschoß ein Schwelfeuer unterhalten, meist aus Kastanienigeln,

während darüber die Kastanien auf einem Rost aus Kastanienholz liegen und dort über einen Zeitraum von 5 bis 6 Wochen langsam trocknen. Durch den aufsteigenden Rauch erhalten die gedörrten Kastanien einen unverwechselbaren Geschmack, der sich auch beim Kochen nicht verliert. Nachdem der Trockenvorgang abgeschlossen ist, müssen die Schalen entfernt werden. Die getrockneten Kastanien werden in Säcke gefüllt und von einem oder zwei Männern auf einem Hackklotz oder Kastanienstumpf geschlagen bis sich die Schalen lösen. Danach werden die von ihrer Schale befreiten Kastanien in einen Korb geschüttet und durch einen rhythmischen Schüttelvorgang die zerstoßenen Schalen von den Kas-

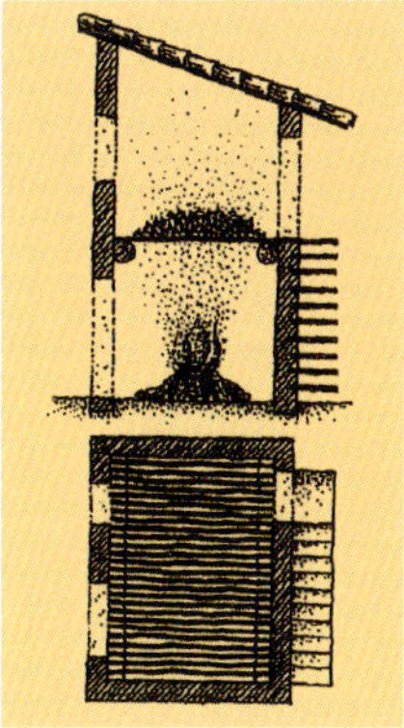

tanien getrennt. Im Tessin und im Bergell wird das übriggebliebene Kastanienmehl, Füfa genannt, benutzt, um im nächsten Jahr das Dörrfeuer abzudecken und so den feinen Kastanienrauchgeschmack zu erzeugen. Andernorts werden die zerbrochenen Kastanien und die Abfälle aussortiert und an die Schweine und das Geflügel verfüttert, in den meisten Bergregionen ersetzten sie den Hafer als Viehfutter. In der Ardèche verwandte man für die Beseitigung der Schalen ganz spezielle mit spitzen Eisen an der Sohle versehene Schuhe (las solas). In einigen Gemeinden in Italien wurden die aufgehäuften Kastanien mit einer Art Hammer aus Holz (pizza, pizage) gedroschen. Daneben gab es die Möglichkeit, die Kastanien mit dem pestel, einem mit Nägeln besetzten Holzprügel, zu bearbeiten oder die Schalen mittels einer Mühle zu entfernen. Die getrockneten Kastanien wurden entweder in Kästen bis zu ihrer Verwendung in der Küche aufbewahrt oder aber zu Mehl verarbeitet. Sie waren neben den nur begrenzte Zeit haltbaren „grünen" Kastanien das wichtigste Nahrungsmittel für viele Bergregionen im südlichen Europa.

Bis weit ins 19. Jahrhundert hinein gab es in vielen Ländern Europas eine Kastanienkultur. Die Kastanien lieferten die notwendige Grundnahrung, dienten als Heizung, als Beleuchtung, ermöglichten Bau und Einrichtung des Hauses, man konnte sie gegen andere notwendige Nahrungsmittel eintauschen, sie waren wie bares Geld. Dann aber setzt der Niedergang der Kastanienkulturen ein. Zwischen 1860 und 1875 wurden in vielen Kastanienanbaugebieten die Bäume von der Tintenkrankheit befallen, die große Bestände vernichtete. Im 20. Jahrhundert folgte der heute noch virulente Kastanienkrebs. Veränderte Konsumgewohnheiten und -möglichkeiten machten aus dem einstigen Grundnahrungsmittel ein verpöntes Arme-Leute-Essen. Hinzu kam die rasante Landflucht, die in der ersten Hälfte des 20. Jahrhunderts und erst recht nach dem Ende des Zweiten Weltkriegs die Bergregionen menschenleer machte und macht. Dies führte sehr rasch zum Verwildern der nicht mehr benötigten und daher auch nicht mehr gepflegten Kastanienhaine. Zwar brachte der Zweite Weltkrieg mit seinen wirtschaftlichen Schwierigkeiten nochmals eine kurzzeitige Wiederbelebung der Kastanienkultur in einigen am Krieg beteiligten Ländern, weil die Nahrungsmittelressourcen zur Ernährung der eigenen Bevölkerung nicht ausreichten. Da konnte die Kastanie noch einmal helfen, den Hunger der Menschen zu lindern. Doch mit dem Ende des Krieges nahm der bäuerliche Exodus dramatische Formen an, die Kastanienhaine gerieten bald in Vergessenheit. Erst in den letzten Jahren setzte eine Rückbesinnung auf die alten Traditionen ein, wurden z.B.mit Hilfe des Fonds Landschaft Schweiz die Kastanienselven im Tessin (Malcantone, Valle di Muggio) wieder hergestellt. Dies sicher weniger, weil man sich auf sie als Nahrungsgrundlage stützen wollte, sondern vor allem unter dem Aspekt „Bewahren der Tradition“, aber auch „Bewahren des traditionellen Landschaftsbildes“. Natürlich ist der Versuch der Wiederbelebung auch Teil der weiteren touristischen Erschließung der Täler der südlichen Schweiz, der Cevennen, der Ardèche und anderer einstiger Kastanienregionen. In Italien, Frankreich, Spanien sind die Kastanien nach wie vor und heute wieder auch ein wichtiger Exportartikel, auch wenn die mit Kastanienbäumen bepflanzten Flächen heute weitaus kleiner sind als noch in der Mitte des 19. Jahrhunderts. Waren z.B. in Frankreich 1841 noch 455 386 ha mit Kastanien bestückt, so waren es infolge der oben erwähnten Entwicklung 1976 nur noch 32 000 ha.

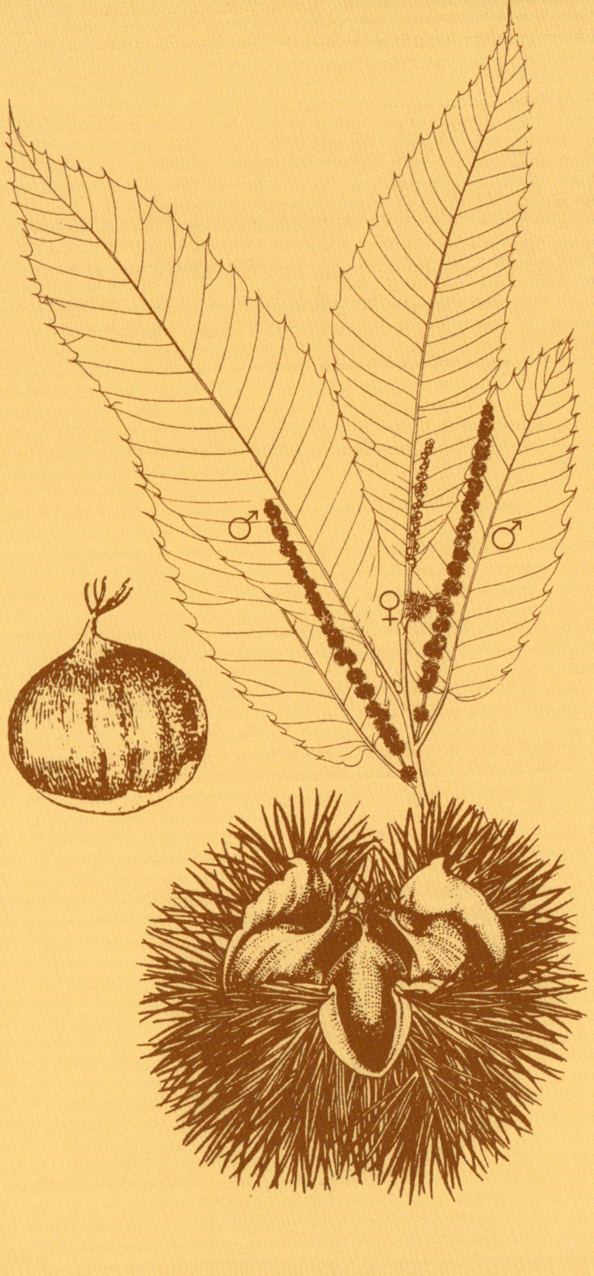

Kastanien in der Pfalz

Spätestens seit der Römerzeit sind Kastanien auch in der Pfalz heimisch. Daraus ergibt sich die Frage, welche Bedeutung hatte in den vergangenen Jahrhunderten die Kastanie. Gab es auch hier eine Kastanienkultur? Wir sind heute daran gewöhnt, daß im Staatswald und in den Gemeindewäldern die Kastanien jedermann frei zugänglich sind. Für uns existieren Kastanien nur in ihrer „wilden“ Form, sind Teil des Waldes. Dies war nach Zeugnis verschiedener Quellen (Urkunden, Gerichtsakten, Flurnamen) wohl nicht immer so gewesen. In den Edenkobener Gemeinderechnungen des 18.Jahrhunderts, die, beginnend mit dem Jahr 1708, erhalten sind, taucht als jährlich wiederkehrender Einnahmeposten die Versteigerung der *„gemeinen kesten“* auf. Diese können nicht Teil des Waldes gewesen sein, denn bis zur Auflösung der Vierten Mittelhaingeraide und ihrer Aufteilung auf die Dörfer Venningen, Altdorf, Böbingen, Gommersheim und Edenkoben 1826 waren die Wälder gemeinschaftliches Eigentum der genannten Orte, so daß die Versteigerung des Nutzens einzelner Bäume in diesen gemeinsam bewirtschafteten und genutzten Waldungen auszuschließen ist.
Zwei Edenkobener Flurnamen helfen hier weiter: Kastaniengarten und der 1658 genannte *„kestenacker“ (hinder der heckhen beim kestenacker)*, zwei Bezeichnungen, die darauf schließen lassen, daß es sich hier um „kultiviertes“ Land handelt, um eine Art Obstplantage aus Kastanienbäumen. Mehrere Verfahren, die sich in den Edenkobener Gerichtsprotokollen des 17. und 18.Jahrhunderts finden, zeigen, dass in diesen beiden Gewannen die **„gemeinen kesten“** angepflanzt waren. Ähnliche Bezeichnungen

kennen wir auch aus anderen Orten der Pfalz: *ir teill am kestengartten* (Landstuhl 1550), eynn baum stück unnd kestenstück (Sarnstall 1562), *ein castaunenstück in der Clauß genannt* (Burrweiler 1739), Kestewies als Flurnamen in Dernbach, Keschdestick in Stein und in Gleishorbach und in Burrweiler ist ein Logel Wein *„von einem stückh kestenacker ob wendig dem dorff, so ietzund ein weingarthen"* als Zins zu zahlen. Der Flurname „Keschdebusch" in Birkweiler dagegen verweist eher auf einen Kastanienniederwald. In Hambach heißt es 1465 *„diß seint kesten zinß zu Hannnbache, gefallen gen Kestenburgk: Item 2 summern kesten von 1 morgen kestenberge."* In Klingenmünster besaß die kurpfälzische Hofkammer 5 Kastanienstücke mit einer Größe von 11 Morgen, die *„jährlich umb geldt versteigert und dem meistbiethenden"* überlassen wurden. Zum Kellerei-Gut, das dem kurpfälzischen Fauth („Ambtskeller") als Besoldungsgut diente, gehörten 3 Morgen Kastanienwald, zu dem des katholischen Pfarrers sogar über 5 Morgen.

Daneben gibt es mehrere Hinweise auf kleinere Kastanienanpflanzungen, ähnlich wie in Edenkoben, innerhalb der Gemarkung von Klingenmünster: „Kestenberg" (bei St. Maria Magdalena), „Kestenstücke" am Landecker Berg, ein „Kestenwald" des Stiftes am Kühnberg, heute als „Pfaffenkastanienstück" bezeichnet. Alle herrschaftlichen Weingüter besaßen innerhalb ihrer Nutzflächen in der Regel auch Kastanienstücke, d.h. hier wurden planmäßig Kastanien angebaut, um über das notwendige Holz für Weinbergspfähle und -lattengerüste und für Fässer und Bütten verfügen zu können, aber auch, um Kastanienlaub in ausreichender Menge zur Streunutzung zu haben, was angesichts des Düngerbedarfs im Weinbau sehr wichtig war. Deshalb verwundert es auch nicht, daß bei bestandsweiser Vergabe herrschaftlicher Güter den Beständern der sorgfältige Umgang mit dem Bestandsgut zur Pflicht gemacht

wurde, und dies gilt nicht nur für Wiesen, Ackerflächen und Weinberge, sondern in gleicher Weise auch für ein Kastanienstück als Bestandsgut. So wird in Klingenmünster 1672 *„des Stiffts Kestenstück"* in öffentlicher Versteigerung für 6 Jahre dem „Kühehirten" in Bestand übertragen. Der Beständer verpflichtet sich nicht nur, jährlich 4 fl. 12 kr. an die Geistliche Güteradministration als Zins zu zahlen, sondern darüber hinaus auch, das Kastanienstück *„von allem unnützlichen holz zu säubern, die alten bäum fleißig buzen, in den ersten vier Jahren hundert junge kestenbaum auf seine Costen verschaffen, (und) darein sezen"*, Arbeiten, die wir auch aus den Kastanienkulturen Frankreichs, Italiens und der Schweiz kennen. Diese Kastanienstücke lagen in der Pfalz meist innerhalb der Weinbergsflur und waren unverzichtbarer Teil der Flur.
Erst mit dem Verschwinden der herrschaftlichen Bindungen in der Franzosenzeit und mit der Auflösung der Haingeraiden verschwinden auch diese Kastanienanpflanzungen außerhalb des Waldes allmählich und werden in mehr Gewinn versprechende Weinberge umgewandelt. Noch 1848 kommt es in Edenkoben zu einem Konflikt zwischen der Stadt und dem bayerischen König Ludwig I., als dieser von der Stadt weitere Waldflächen um das im Bau befindliche Schloß erwerben möchte, die Stadt aber einen aus der Sicht Ludwigs völlig überhöhten Preis fordert und diesen Preis damit begründet, daß das Gelände, ein Kastanienwald, sehr gut für die Anlage von Weinbergen geeignet sei.

Ob die in diesen Kastanienstücken herangereiften Kastanien in der Ernährung der Bevölkerung eine Rolle gespielt haben, läßt sich nicht ermitteln, angesichts der Fruchtbarkeit der Vorderpfalz wohl eher eine Ergänzungsrolle, doch wissen wir aus Gerichtsakten, z.B. aus Edenkoben, aus der Herrschaft Guttenberg und aus anderen Gegenden der Pfalz, daß die in den Kastanienstücken erzeugten Früchte als

Handelsgut eine gewisse Rolle gespielt haben. In den Gerichtsakten der Herrschaft Guttenberg aus dem 18.Jahrhundert finden sich mehrere Klagen Weißenburger und Bergzaberner Juden, die neben Geld und Wein auch die Lieferung etlicher Scheffel Kastanien einklagen. Pfälzer Kastanien wurden z.T. auch über weite Strecken gehandelt, so heißt es in einem Gerichtsakt von 1737, daß Kastanien *„bis nach Holland trafiquiert wurden"*, und 1724 fordert ein Rheinschiffer von einem Händler in Oberotterbach die Bezahlung *„für abgeführte Kastanien nach Köln"*. 1732 streiten sich vor Gericht ein Händler aus Dörrenbach und zwei Schiffer aus Germersheim. Der Dörrenbacher Händler führt Klage darüber *„hätten sie ihn mit einladung deren Kastanien 2 Tage lang aufgehalten"*, weshalb er am Bestimmungsort Mainz zu einem niedrigeren Preis habe verkaufen müssen, weil er *„erst mit anderen nacher Mayntz gekommen und seine kesten desto wohlfeyler hinweggeben müssen"*, worüber sich in den Edenkobener Gerichtsakten in einem ähnlichen Fall auch ein Landauer Kaufmann beschwert. Dabei waren es oft recht große Mengen, die da exportiert wurden, wie z.B. ein Guttenberger Prozeß zeigt, in dem ein Fuhrmann aus Oberotterbach 1724 seinen Lohn für nach Mainz transportierte Kastanien einklagt, für *„nacher Mainz abgeführte 48 Malter Kastanien"*.

Kastanien dienten wohl gelegentlich auch zur Bestechung der Zöllner, wie eine Korruptionsklage gegen einen Herxheimer Zoller verdeutlicht: *„mit 116 Malter wären auf der Landauer Strasse vorbeigeführt worden, unverzollt, dagegen ein halb Malter Castanien zum Praesent bekommen hätte."* Und 1756 wird ein Heuchelheimer Händler, der vier Malter Kastanien am Zoll in Herxheim vorbeischmuggeln wollte, des Schmuggels überführt. Auch eine Anmerkung aus dem Jahr 1732 verdeutlicht die Bedeutung der Kastanien in bestimmten Gegenden der

Pfalz, wenn in den Guttenberger Gerichtsakten festgehalten wird *„Die Kastanien generaliter erfroren!"*, hätte dies keine unmittelbaren Auswirkungen gehabt, hätte man diese Tatsache wohl kaum festgehalten. Die Produktion von Kastanien und der Handel mit Kastanien waren ganz offensichtlich in der Region um Bergzabern von einiger Bedeutung und nicht nur eine Nebensache, waren doch die Weinberge und damit auch der Wein in dieser Gegend im 18. Jahrhundert nur von mittelmäßiger Qualität, im Unterschied etwa zu Deidesheim, wo man bereits 1741 die Kastanien rodet und in Weinberge umwandelt: *„sämtlich... Castanienberg bis auf einige Viertel ... ausgerottet und zu Weinberg herum gemacht worden seien."* Diese Beispiele zeigen, daß es auch in der Pfalz so etwas wie eine Kastanienkultur, wenn auch in einem viel bescheideneren Umfang, in der frühen Neuzeit gegeben hat.

Beliebtheit und weite Verbreitung pfälzischer Kastanien bezeugt aber auch ein Artikel aus der Zeitschrift „Der Pfälzerwald" aus dem Jahre 1915 (frdl. Mitteilung von Helmut Seebach, Mainz). Unter der Überschrift „Der Reichskanzler und die Pfälzer Edelkastanien" berichtet die Zeitschrift: *„Die sonnige Pfalz hat nicht nur als Weinpfalz einen guten Klang, auch edlere Obstsorten, wie Aprikosen, Pfirsiche, Mandeln, Feigen usw. gedeihen in diesem „Garten Deutschlands", wie König Ludwig I. die Rheinpfalz nannte. Eine Spezialität aber sind auch die Pfälzer Edelkastanien. Sie reifen immer zur Zeit des „Neuen Weines" und werden mit Vorliebe zu diesem gegessen. In diesem Jahr bewahrheitet sich das alte Sprichwort: „Wenn es Wein gibt, dann gibt es auch Kastanien.", hauptsächlich in Bezug auf die Güte der beiden Früchte. Die Edelkastanien unterscheiden sich von den italienischen Maroni durch zarteres Fleisch und feineren, süßeren Geschmack, so daß sie zu vergleichen sind wie Wein und Wasser; deshalb kann auch die italienische Konkurrenz trotz* *ihrer Billigkeit in der Pfalz nicht so recht aufkommen. Kein Wunder daher, daß der Ruf der Pfälzer Edelkastanien weit über die Grenzen unserer Provinz hinausdringt bis in die Reichshauptstadt. Kein Geringerer als der Reichskanzler selbst führt in seiner Küche dieses pfälzische Spezialgericht. Schon seit dem Jahre 1909 bezieht ihre Exzellenz die Frau von Bethmann-Hollweg alljährlich einen ganzen Zentner Edelkastanien aus dem Hause des Weingutsbesitzers Christoph Heller in Haardt bei Neustadt ... Der alte Heller ... hat sich durch die Veredelung der Kastanien einen Namen gemacht, indem er Früchte nicht nur von hervorragender Qualität, sondern auch von außerordentlicher Größe zu züchten verstand. Sein Kastanienwald befindet sich in Gewann Vogelgesang, dort wo der beste Wein der Gemarkung, die Marke „Vogelsang" wächst. Die Pfälzer Edelkastanien müssen an der Tafel des Reichskanzlers viel Beifall gefunden haben; das beweist der Umstand, daß nach und nach aus den Kreisen seiner Verwandten und Bekannten Bestellungen eingelaufen sind."* Abschließend bemerkt der Verfasser des Artikels, er wisse zwar nicht, ob der Reichskanzler Bethmann-Hollweg, wie in der Pfalz üblich, die Kastanien zum neuen Wein verzehre, und fährt dann fort: *„Im Geiste wird sich der echte Pfälzer wohl ausmalen, wie viel Schoppen „Neuen" der Herr Reichskanzler „petzen" muß, bis er seinen ganzen Zentner Käschte gebührend angefeuchtet hat, um dann begeistert auszurufen: „Fröhliche Pfalz, Gott erhalts!"*

Kastanienholz

In den agrarischen Gesellschaften des Mittelalters, aber auch noch der Neuzeit, z.T. bis in unsere Zeit war die Kastanie nicht nur wichtig als Brotbaum, sondern erfüllte auch die ebenso wichtige Funktion eines „Holz"-Baumes. So rühmt z.B. Anfang des 14. Jahrhunderts Pier de' Crescenzi in seinem „Liber ruralium commodorum" das Holz des Kastanienbaumes wegen seiner Widerstandsfähigkeit gegen Nässe, seiner Dichtigkeit, seiner Härte. Das Beste sei dabei das der „wilden" Kastanien, das dem der veredelten, der gepfropften weitaus vorzuziehen sei. Dank seines hohen Tanningehaltes ist das Kastanienholz auf eine ganz natürliche Weise imprägniert und damit für recht lange Zeit witterungsbeständig. Diese Tatsache machten sich bereits die Römer zu nutze und verwendeten das Holz des Kastanienbaums zur Anlage ihrer Weinberge. Auf diese Weise gingen über Jahrhunderte hinweg der Weinbau und der Anbau von Kastanien eine enge Verbindung ein. Castanetum und Vinetum existierten stets in enger Nachbarschaft zueinander, eine Tatsache, der ein pfälzisches Sprichwort Rechnung trägt, wenn es heißt „Keschde un Woi gehn mitenanner".

Ungeachtet der unterschiedlichsten Erziehungsarten der Reben in einzelnen Weinbauregionen, ob der Einzelpfahl der Rebe als Stütze diente, ob die Pfähle untereinander zu Rahmen verbunden waren, ob, wie

im alten Kammertbau, die Rahmen zu Kammern verbunden wurden oder ob sie, wie vor allem in Südtirol anzutreffen, im aufwendigen Perglbau erzogen werden, so war doch in einer noch nicht lange zurückliegenden Zeit allen diesen Erziehungsarten eines gemeinsam: die Verwendung von Kastanien, von Kastanienpfählen als Grundstock des Rebgerüstes. Leider haben in der Pfalz und auch anderswo im Zeichen von Plastik und anderen Kunststoffen diese die traditionelle Verwendung des Kastanienholzes weitgehend verdrängt.

Aus Kastanienholz wurden aber nicht nur die Pfähle für den Weinberg hergestellt, sondern häufig auch die Bütten und Fässer für die Bereitung und Lagerung des Weins, woraus sich in einigen Regionen Italiens, aber auch Frankreichs kleinere lokale Industrien entwickelten, z.B. in Pistoia, das aufgrund intensiver Nutzung der weitläu-

figen Kastanienselven der Appeninnen für den Fasserbau den Spottnamen „barilette“, Stadt der Fäßchen, erhielt.
Auch an der amalfitanischen Küste nutzte man die nahen Kastanienwälder zum Bau von Fässern, in denen Wein, Olivenöl, gesalzener Fisch nach Sizilien, aber auch nach Genua transportiert wurden, auf Schiffen, die ebenfalls aus Kastanienholz gebaut worden waren. Mitunter jedoch wurde behauptet, das Kastanienholz der Fässer verleihe dem Wein einen unangenehmen, fauligen Beigeschmack. Dennoch zeigen die Schriftsteller über die Landwirtschaft und verdeutlichen schriftliche Dokumente, dass in Italien, vor allem in der Toskana, in Latium, an der Amalfi-Küste weiterhin Weine in Kastanienholzfässern ausgebaut wurden. Aus dem Frankreich des 16. Jahrhunderts, aus den Cevennen, berichtet Emanuel LeRoy Ladurie:

„Auch der Baum selbst nimmt an der gewerblichen Geschäftigkeit teil. In jedem lebendigen chastanet sieht sein Herr bereits den gefällten Baum, der zum Bottich, zum Faß oder zur Tonne wird. Im März jeden Jahres rücken die Landleute dem Unterholz der wilden Kastanienbäume oder jourguieiros zu Leibe, dem Rohstoff für die Faßreifen: Diesen geben sie ihre Form, stapeln sie zu Rädern übereinander und verkaufen sie. Die kleinen Städte dröhnen vom Gehämmer der Böttcher...“.

Die hier produzierten Fässer wurden im ganzen Languedoc und bis nach Marseille verkauft, für Wein, Thunfisch, Anchovis, gesalzene Sardinen. Zwar hatten im 13.und 14.Jahrhundert Beamte des Languedoc ein Herstellungsverbot für Weinfässer aus Kastanienholz erwirkt, „das den Wein verfaulen läßt“, doch zweihundert Jahre später hat das Kastanienholzfaß das Faß aus Eichenholz wieder verdrängt, weil es *„dem Wein überhaupt keinen Geruch gibt“*, während der im Eichenfaß aufbewahrte

Wein durch dieses *„einen eigenartigen Geschmack“* bekomme, der *„manchem verhaßt ist“*.

Die natürliche Imprägnierung des Kastanienholzes machte dieses auch zu einem vielgebrauchten Material im bäuerlichen Bauwesen, wo es insbesondere im Außenbereich vielseitig einsetzbar gewesen ist, z.B. als Schindeln zur Dacheindeckung (scàndua/scàndole) in Ligurien, aber auch in Nordfrankreich. So sind z.B. die Dächer der Abtei auf dem Mont Saint Michel mit Schindeln aus Kastanienholz gedeckt, merkwürdigerweise mit Schindeln von jeweils 33 cm Länge, mit 33 Jahren wurde Christus gekreuzigt. Diese Schindeln sind so witterungsbeständig, daß sie mehr als 150 Jahre halten. Aus Kastanienholz wurde der Dachstuhl gezimmert, aus Kastanienholz war der Balken, an dem man schwere Lasten auf den Speicher transportierte. Aus Kastanienrinde fertigte man Dachrinnen an, aus Kastanienholz Türen, Fenster, aber auch Fußböden, wie z.B. den im großen Saal des Palazzo pubblico in Cutigliano. Bei der Verwendung des Kastanienholzes als Bauholz spielt auch eine Rolle, daß es schädliche Insekten und Spinnen fernhält. In Frankreich wie auch in Italien wurden mehrfach Kastanienbäume zum Bau der Markthallen verwandt, z.B. in Burgund, im Languedoc oder der von San Vitale bei Massa di Lunigiana in Italien. Aus Kastanienholz wurden Zäune und Geländer angefertigt, aber auch Wasserrinnen (acanals in Occitan), mit deren Hilfe man das Wasser von den Quellen in die Gärten und Wiesen führte, um diese zu bewässern.

Schränke, Kästen und Truhen zum Aufbewahren von Brot, von Kleie, von Kastanienmehl, von getrockneten Kastanien, aber auch zum Aufbewahren etwa der Aussteuer, Näpfe für die Zubereitung des Käses, Mörser, kleine Eimer, Back- und Futtertröge, Leitern, Schüsseln, Teller und Besteck, Bienenstöcke, in Ligurien sogar Flöten, im Tessin die „Zoccoli“, die Tessiner Holzpantoffeln. Für die Herstellung all dieser Gegenstände wurde in der traditionellen bäuerlichen Gesellschaft, z.T. bis in unsere Tage, Kastanienholz benutzt. Aus den biegsamen Schößlingen der Kastanien wurden im Winter Körbe aller Art geflochten: Packkörbe, Körbe, um den Käse zu transportieren, Taubennester, Körbe, um darin getrocknete Kuhfladen als Heizmaterial zu sammeln und zu transportieren, Körbe zum Einsammeln des Salzes in den Salzsümpfen der Vendée. Aus Kastanienruten wurden im Limousin und im Perigord vom *feuillardier* Reifen für die Fässer geflochten, aus den Jungpflanzen wurden auch die Reifen hergestellt, die die Kinder mit Hilfe eines Stöckchens über die Straße trieben.

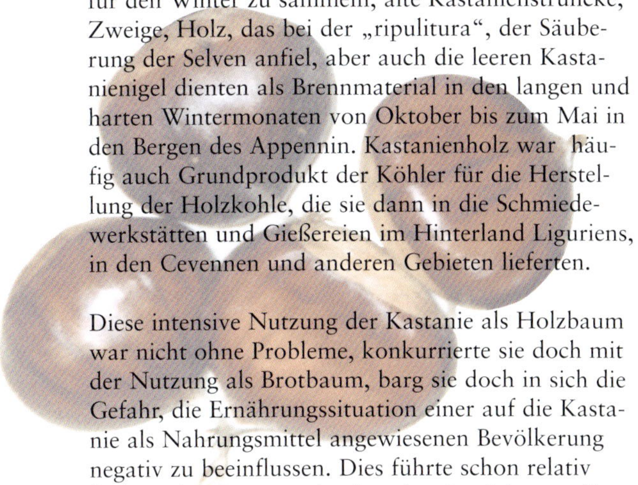

Obwohl das Holz des Kastanienbaums im Vergleich etwa zu Buche und Lärche einen geringeren Brennwert besitzt, wurde es dennoch auch als Brennholz verwendet, so war es z.B. den Armen im toskanischen Appennin ausdrücklich erlaubt, Kastanienholz für den Winter zu sammeln, alte Kastanienstrüncke, Zweige, Holz, das bei der „ripulitura“, der Säuberung der Selven anfiel, aber auch die leeren Kastanienigel dienten als Brennmaterial in den langen und harten Wintermonaten von Oktober bis zum Mai in den Bergen des Appennin. Kastanienholz war häufig auch Grundprodukt der Köhler für die Herstellung der Holzkohle, die sie dann in die Schmiedewerkstätten und Gießereien im Hinterland Liguriens, in den Cevennen und anderen Gebieten lieferten.

Diese intensive Nutzung der Kastanie als Holzbaum war nicht ohne Probleme, konkurrierte sie doch mit der Nutzung als Brotbaum, barg sie doch in sich die Gefahr, die Ernährungssituation einer auf die Kastanie als Nahrungsmittel angewiesenen Bevölkerung negativ zu beeinflussen. Dies führte schon relativ früh zu die Nutzung einschränkenden Schutzmaßnahmen, z.B. wird in Marling in Südtirol das Schlagen von Stangenholz für die Weinberge eingeschränkt, *„damit die wälder nicht zue unnüz ausgeedt werden“*. Besonders drastisch verfuhr man beim Schutz der Wälder auf den Südtiroler Gütern des Klosters Weihenstephan. Dort heißt es in einer Verordnung von 1381 im Hinblick auf das Fällen von sogenannten „smer“-Bäumen (Bäumen, die vor allem für die Schweinemast wichtig waren, wie Kastanie, Eiche, Buche, smer = Fett): *„wann von ainem smerpaum nider ze schlagen ist die puzz, dem selben sein hant auf dem stock abschlachen...“*. Die Dorfordnung von Pratteln bei Basel stellt im 15.Jahrhundert ebenfalls die Kastanienbäume unter einen besonderen Schutz. Wer widerrechtlich einen Kastanienbaum fällt oder beschädigt, muß hohe Strafen bezahlen. Ähnliche Verordnungen und Erlasse gibt es im späten Mittelalter und der frühen Neuzeit in allen Gegenden, in denen die Kastanie eine wesentliche Grundlage der Ernährung darstellte.

Kastanienholz wird auch heute noch häufig für Bauten im Freien verwandt, sei es für Brücken, zur Dacheindeckung, für Spielgeräte auf Kinderspielplätzen, vor allem wegen seiner Haltbarkeit und seiner ökologischen Unbedenklichkeit. Seit vielen Jahren ist pfälzisches Kastanienholz für den Bau von Lawinenverbauungen im Alpenraum recht gefragt. Aber auch für die Herstellung hochwertiger Möbel ist gutes Kastanienholz gesucht.

Volksglauben und -Bräuche rund um die Kastanie

„Sént Marcsau, pregas nostre segnour, que vuelho garda nostros chastagnos, nostros rabos, nostros fennos“, mit diesem kurzen Gebet wird im Limousin der hl. Martial angerufen, er möge doch Gott bitten, *„unsere Kastanienbäume, unsere Rüben, unsere Frauen zu beschützen“*. Dies macht die Wertschätzung deutlich, die der Kastanienbaum als eine wichtige Grundlage des bäuerlichen Lebens im Limousin genießt (man beachte die Reihefolge: Kastanien, Rüben, Frauen!). Der Kastanienbaum ist nicht nur Lieferant von Holz und Früchten, er ist auch eingebunden in den Zyklus des bäuerlichen Lebens und mit der Kastanie verbunden ist in Regionen mit intensiven Kastanienkulturen ein reichhaltiges Brauchtum. Im Tessin sagt man *„Par San Michee la chrucha l'è sot ai pee!“* (Wenn wir den Michelstag begrüßen, liegen die Igel uns zu Füßen!), d.h. mit dem Michaelstag (29.September) beginnt die Kastanienernte, und mit dieser und der Weinernte naht das Ende der bäuerlichen Arbeiten und damit die winterliche Ruhe, die Zeit auch für geselliges Leben, für das Feiern. Wie es in einem Sprichwort aus Ligurien deutlich wird, wenn es darin heißt: *„San Maté, a veglia a se mette in pé; San Matia, a veglia a l'è finia“*, sinngemäß bedeutet dies, daß mit dem Matthäustag (21.September) die Zeit für Geselligkeiten beginnt, die mit dem Matthiastag im Februar (24.) mit dem Wiederbeginn der bäuerlichen Arbeiten enden. Dies war auch die Zeit für die jungen Bauern, um eine Braut zu finden. So war in vielen Dörfern in Ligurien *„anâ in veggia“* (zu einem geselligen Abend gehen) gleichbedeutend mit *„andare a trovare la fidanzata“* (hingehen, um eine Braut zu finden).

In den Cevennen dürfen die Kastanien erst dann gesammelt und geröstet werden, wenn alle heruntergefallen sind, sonst schadet man der ganzen Ernte. Im Gers werden die Kastanien nie vor Allerheiligen gebraten, weil sonst das Getreide im nächsten Jahr vom Getreidebrand befallen wird. Im Limousin brät man die Kastanien nicht vor dem Katharinentag (25.November), weil sonst das Feuer vom Himmel fallen und die Kastanienbäume vernichten könnte. Wer in der Lombardei nicht vom Esel gebissen werden wollte, mußte jedes Jahr am 1.Mai eine Kastanie essen. In Regionen mit intensiver Kastanienkultur hat die Kastanie natürlich auch Eingang in den Sprichwörterschatz gefunden. So sagt man z.B. im südlichen Frankreich *„Année de hanneton, année de marron!"* (Ein Maikäferjahr ist auch ein Kastanienjahr!). Weitverbreitet ist die Redensart *„die Kastanien aus dem Feuer holen"*, die insbesondere durch die La Fontaine'sche Fabel „Der Affe und die Katze" verbreitet wurde.

Schon die alten Gallier verehrten den Kastanienbaum als heiligen Baum, verkörperte er doch aufgrund der Tatsache, daß seine gewaltigen Wurzeln die Erde gleichsam sprengten, für sie eine ungeheuere, geradezu überirdische Kraft. Aus dem heiligen Baum der Gallier wurde vielfach nach der Christianisierung ein Baum der Heiligen, lebten doch in sehr alten, im Laufe der Zeit hohl gewordenen Kastanienbäumen Eremiten und Anachoreten, weise Männer, von denen in Frankreich und auch andernorts zahlreiche Wundergeschichten erzählt werden. So berichtet die Legende von einem Eremiten, der in Sobrado de los Monjes in Galicien in einem ausgehöhlten Kastanienbaum lebte, daß sich die Frau eines reichen Kaufmanns leidenschaftlich in ihn verliebte. Da er ihre Zuneigung nicht erwiderte und die Frau höflich, aber bestimmt zurückwies, schlich sie sich eines Nachts zu ihm in den ausgehöhlten Kastanienbaum. Aber das Unglück nahm seinen

Lauf, sie war schneller wieder draußen wie sie gebraucht hatte, um in die Höhle einzudringen, denn ganz plötzlich standen ihre Unterhosen voll in Flammen!

Kastanien werden mancherorts als Mittel benutzt, um die Zukunft vorherzusagen. Wenn in Korsika ein junges Mädchen Kastanien anbrennen läßt, bedeutet dies, daß aus ihm einmal eine schlechte Hausfrau wird. Auch junge Männer können mit Hilfe der Kastanien etwas über ihr künftiges Schicksal erfahren. Sie müssen zweimal hintereinander Kastanien in die Luft werfen und sie dann mit der Bratpfanne wieder auffangen. Wenn eine der Kastanien zu Boden fällt, heißt dies, dass der junge Mann noch im Jahr der Heirat Witwer wird, wenn er aber überhaupt keine Kastanie auffängt, hinterläßt er selbst bald eine Witwe.

Einen untreuen Ehemann kann man dadurch zum Bleiben bewegen, dass man dafür sorgt, dass er viele Kastanien ißt, dass man seine Taschen, seine Kleider mit Kastanien vollstopft, Kastanien unter sein Bett legt, sein Kopfkissen und seine Matratze mit Kastanienblättern füllt, seine Taschentücher im Kochwasser der Kastanien wäscht und im ganzen Haus Figuren, die aus Kastanienigeln hergestellt werden, verteilt.
In einigen Regionen Frankreichs und auch Italiens gelten Kastanien als Totengaben, als Vermittler zwischen der Welt der Lebenden und der der Toten. So sind z.B. im Midi, aber auch in Spanien und Italien geröstete Kastanien die traditionelle Mahlzeit am Vorabend des Allerseelentags (2.November). Mit jeder Kastanie, die man schält und natürlich auch ißt, befreit man eine arme Seele aus dem Fegefeuer und eröffnet ihr den Weg ins Paradies. Im Tessin und in Norditalien war es früher üblich, am Vortag von Allerseelen eine einfache Kastaniensuppe, angereichert mit etwas Reis, zu kochen. Von dieser Suppe

stellte man stets einen Teller vors Fenster, von wo ihn die Toten holen würden. Außerdem mußte man frische Kastanien bis zum Totensonntag aufbewahren, um sie am Vorabend vorzubereiten, damit sie die Toten in der Nacht holen und essen könnten. Ein Brauch, den man auch im Süden Frankreichs kannte, wobei das Opfer für die Toten gleichzeitig auch ein Mittel war, um diese zu vertreiben. In Korsika hängte man den Kindern, bevor sie am Allerseelentag zum Friedhof gingen, eine Kette aus Kastanien um den Hals. Solange ein Toter noch im Haus war, stellte man eine Mahlzeit bestehend aus getrockneten Früchten, aus Kastanien und aus Wasser neben der Leiche auf. Außerdem sollten in Korsika Kastanien, die man unter das Kopfkissen oder unter das Deckbett legte, verhindern, daß Wiedergänger den Schlafenden an den Füßen ziehen oder ihn an den Füßen kitzeln würden.

In der Umgebung von Neustadt schreckt man die Kinder vom Genuß der rohen Kastanien ab, indem man behauptet: *„Wer rohe Keschde ißt, kriegt Läuse!"*. Dies behaupten übrigens auch die Bretonen. In Meran traten der Kirchenordnung der St. Nikolaus-Kirche zufolge einheimische Nüsse und Kastanien an die Stelle des himmlischen Mannas, das den Israeliten vom Himmel herabregnete. Wenn am Himmelfahrtstag die Statue des zum Himmel emporfahrenden Jesus in einem Loch im Kirchengewölbe verschwunden war, fielen zuerst Feuerzungen (brennender Werch) und dann himmlische Gaben in Form von *„oblat, nussen und kösten"* auf die staunend wartende Menge herab. Und im Vinschgau und in Taufers im Münstertal kündigen die Kinder am 1.März den Frühling an, ziehen mit Kuhglocken von Haus zu Haus und fordern die Bauersleute auf, die Kühe aus dem Stall zu lassen. Zum Dank dafür, hatte doch nun aller Hunger für Mensch und Vieh mit der Ankunft des Frühlings ein Ende, erhielten die Kinder früher „Kestn", weshalb man den Brauch

auch als „Kestnschelln“ bezeichnet, auch wenn die Kinder heute andere Gaben erhalten, Bonbons, Kekse u.ä. und nicht mehr Kastanien wie früher.

In der Pfalz nennt man die Einwohner von Dannenfels „Keschdekepp“, vielleicht wegen des reichen Kastanienvorkommens in der Gegend, vielleicht aber auch, weil es in Dannenfels üblich war, daß am letzten Sonntag im Oktober in jedem Haus zum Mittagessen Kastaniengemüse auf den Tisch kam. In Ramstein feiert man zu Ehren des Hl. Wendelin, der Ramstein vor einer Viehseuche gerettet haben soll, das Wendelinusfest (20.Oktober), dieses Fest hieß früher auch „Kestekirbe“, weil an diesem Tag Haardter Bauern Kastanien auf ihren Schubkarren nach Ramstein brachten und zum Verkauf anboten.

Von der heilenden Kraft der Kastanie

Gemessen an der Bedeutung, die die Kastanie als Grundlage der Ernährung in verschiedenen Gesellschaften in der Vergangenheit besessen hat, scheint man ihr als Heilmittel, auch in der Volksmedizin, eine sehr viel geringere Bedeutung beizumessen. Schon die antiken medizinischen Schriftsteller schenkten ihr nur relativ geringe Aufmerksamkeit, auch wenn ihr Dioscurides und Galen, der einen großen Einfluß auf die Medizin des Mittelalters hatte, jeweils ein Kapitel widmeten, während sie in der Schrift „De re medica“ des Celsus überhaupt nicht erwähnt wird. Dioscurides wie auch Galen beschreiben beide ihre blutstillende sowie ihre adstringierende Wirkung, außerdem helfe sie gegen Durchfälle. Darüber hinaus verweist Dioscurides aber auch darauf, daß Kastanien schwer verdaulich seien, Blähungen begünstigen würden und Verstopfung verursachen könnten, Galen fügt hinzu, die Kastanie sei *„ein Fleisch, das einen dicken Saft erzeugt.“*

Das Mittelalter hat diesen Bedenken und Feststellungen der antiken Medizin kaum etwas Neues hinzugefügt, da die mittelalterlichen Autoren, in deren botanischen bzw. medizinischen Schriften die Kastanie Erwähnung findet, meist auf den theoretischen Abhandlungen der antiken Schriftsteller fußen und deren Angaben und Ansichten wiederholen. Eine Ausnahme bildet hier zweifellos Hildegard von Bingen, die im dritten Buch ihrer „Physica“ in dem Kapitel „De Kestenbaum“ ausführlich die gesundheitsfördernden Eigenschaften der Kastanie beschreibt. Für Hildegard ist die Kastanie ein Sinnbild der Weisheit, ihre Frucht aber sei nützlich gegen jede

Schwäche, die im Menschen ist. Die Blätter, aber auch die Rinde und natürlich erst recht die Früchte, seien ein Universalheilmittel gegen Krankheiten aller Art: ein Sud aus Rinde, Blättern und Früchten helfe als Dampfbad gegen die Gicht und damit auch gegen den Jähzorn, denn die Gicht geht nach Hildegard von Bingen immer mit dem Zorn einher.

Gekochte Kastanien seien von Nutzen gegen Kopfschmerzen (während sie nach Dioscurides Kopfschmerzen verursachen) und Magenbeschwerden, rohe Kastanien helfen bei Herzbeschwerden und Traurigkeit, mit Honig vermengt sind zerkleinerte Kastanien ein Heilmittel gegen Leberbeschwerden, geröstet gegen Milzerkrankungen. Das Holz der Kastanie schließlich stärkt ganz allgemein die Körperkräfte und die Gesundheit des Kopfes:

„Aber der Mensch, der aus seinem Holz einen Stock macht, und diesen in seiner Hand trägt, so daß die Hand dadurch warm wird, dem werden aus dieser Erwärmung die Adern und alle Kräfte des Körpers gestärkt. Und nimm auch oft den Duft dieses Holzes auf, und es wird deinem Kopf Gesundheit bringen.“

Nach Albertus Magnus, der in seiner Schrift „De vegetabilibus“ auch über die Kastanie schreibt („De proprietatibus castaneae“) und sich dabei z.T. auf die antiken Autoren, aber auch auf Hildegard von Bingen stützt, fügt hinzu, daß Kastanien auch gegen Schlangenbisse und gegen den Biß eines tollwütigen Hundes helfen würden, eine Vorstellung, die auch in der Volksmedizin bis ins 19. Jahrhundert zu finden ist.

Arabische Medizinautoren betonen darüber hinaus, der Verzehr von Kastanien stärke den Appetit und steigere den Geschlechtstrieb (*„movent coitum“* heißt es im „Tacuinum sanitatis“, dieser Hinweis auf die Kastanie als Aphrodisiakum fehlt nur in der Pariser Handschrift), was der französische Arzt Mizauld 1578 in seinem *„Jardin Médicinal“* aufgreift, wenn er bemerkt: *„Frisch gekocht und ein wenig mit Pfeffer bestreut, wecken sie die Lust, den Frauen beizuwohnen.“*. Die verschiedenen Ausgaben des „Tacuinum sanitatis“, es sind insgesamt 9 Versionen dieser auf den arabischen Arzt Ibn Butlan zurückgehenden medizinischen Handschrift bekannt, sind überdies auch noch deshalb wichtig, weil sie die Gesundheitslehren auch noch durch Illustrationen verbildlichen, so enthalten sie auch Abbildungen der Kastanienernte bzw. der Verarbeitung von Kastanien.

Ähnliche Wirkungen wie sie schon Hildegard von Bingen und Albertus Magnus der Kastanie zuschrieben, kennt auch die neuzeitliche Volksmedizin: Kastanien als Mittel gegen Gift und Tollwut, darüber hinaus soll der Genuß von Kastanien dem Haarausfall vorbeugen, gut sein gegen Harnverhaltung, gegen Brechreiz und Blähungen, aber auch den Frauen zu festen Brüsten verhelfen. In der Pfalz heißt es, daß *„drei Keschde im Hossesack“* Rheumatismus fern halten würden. Ähnliches glaubt man auch in Korsika, trägt man aber sieben Kastanien in der Hosentasche mit sich, so ist das gut gegen Hämorrhoiden. In Korsika benutzte man früher eine Paste aus Leinmehl und zerkleinerten Kastanien als Wundpflaster gegen Zahnschmerzen und gegen Geschwüre. Es gibt aber durchaus auch Berührungspunkte zwischen der Volksmedizin und der Schulmedizin hinsichtlich des Nutzens der Kastanie als Heilmittel, z.B. bei der Bekämpfung von Husten und Ruhr. Die in der Kastanie enthaltenen Kohlenhydrate werden z.B. wegen ihrer beruhigenden Wirkung genutzt, meist ergänzt durch andere Substanzen, wie z.B. Honig. Die adstringierende Wirkung des Tannins wird gegen Durchfälle eingesetzt, dabei werden nicht nur die Früchte selbst, sondern auch andere Teile der Pflanze verwendet: gegen die Ruhr ein Aufguß, hergestellt aus männlichen Blüten, ein Sud aus den Kastanienigeln gegen Durchfall, gegen Husten das Wasser, in dem die getrockneten Kastanien zum Kochen eingeweicht worden sind, und ein Aufguß aus Kastanienblättern, vermischt mit Honig. Kastanien können unter bestimmten Umständen auch zu einem wichtigen Ersatznahrungsmittel werden, denn aufgrund der in ihr enthaltenen Nährstoffe kann die Kastanie bei Menschen, die gegen das im Getreide enthaltene Gluten (Klebereiweiß) allergisch sind und unter Zöliakie (Glutenunverträglichkeit) leiden, das Getreide ersetzen. Auf diese Weise werden nicht nur die Mangelerscheinungen, die bei Kindern aufgrund ihrer Gliadinintoleranz entstehen (Abmagern, Entwicklungsstörungen), ausgeglichen, sondern durch das Ersetzen von Mehl aus Getreide durch Kastanienmehl kann bei den Kindern auch die Lebensfreude wieder zurückkehren, ist doch in aller Regel ein erster Schritt bei der Bekämpfung der Krankheit das Verbot von Getreide und Getreideprodukten wie Nudeln, Kuchen usw., von Nahrungsmitteln also, die Kinder besonders gerne mögen. Der Verzehr von Kastanien ist eine Art Gegensteuer gegen die Übersäuerung unseres Organismus', da die Kastanie im Gegensatz zu Getreide, das immer säurebildend ist, wie die Kartoffel und der Mais ein basenbildendes Stärkeprodukt ist.

Die Geschichte vom Wolf, dem Schäfer und dem Kastanienbaum (Monte Amiata)

„Ein Schäfer hörte einst, als er seine Schafe auf einer einsamen Berghöhe weidete," so erzählen die Alten, ganz in der Nähe das Heulen eines hungrigen Wolfes. Das Blut in seinen Adern erstarrte ihm und erbleichend sah er sich schon von den Zähnen des Wolfes gepackt und zerfleischt, denn Rettung schien ihm unmöglich. Daher befahl er seine Seele Gott, rief mit seiner Pfeife die Herde zusammen, und zitternd und zu Gott um Hilfe flehend versuchte er, sich mit seiner Herde hinter dem Stamm eines großen Kastanienbaumes zu verstecken. Das Heulen des Wolfes aber kam näher und näher. Und der Wolf witterte das Fleisch, mit dem er seinen unbändigen Hunger würde stillen können. Mit aufgerissenem Maul und weit heraushängender Zunge, mit gelblich-glühenden Augen näherte er sich der sicheren Beute. Noch ein letztes Heulen, noch ein Satz, und der Schäfer und seine Herde würden dem sicheren Tod entgegensehen. Was aber geschah? Die belaubten Zweige des Kastanienbaums neigten sich zur Erde und bildeten eine dichte und undurchlässige Höhle und schützten so den kleinen Hirten und seine Herde. Rasend vor Hunger und Zorn heulte der so um seine Beute geprellte Wolf auf und versuchte vergeblich, durch die undurchdringlich verschlungenen Äste des Kastanienbaums zu dringen, um seinen Hunger doch noch stillen zu können. Vergeblich, alle Wut, alles Reißen, alles Umsichbeißen nutzte ihm nichts, die Zweige des Kastanienbaums schützten seine vermeintlich sichere Beute. Entkräftet und erschöpft von seinem vergeblichen Wüten und seinem ungestillten Hunger machte sich der Wolf schließlich davon. Da öffneten sich die Zweige des Kastanienbaums, der Schäfer und seine Herde aber machten sich wohlbehalten und Gott für seine Hilfe dankend auf den Heimweg.

König Rachis und der wunderbare Kastanienbaum (Toskana, Abbadia San Salvatore)

Eines schönen Tages, als König Rachis, der die Jagd über alles liebte, allein auf der Jagd die Wälder durchstreifte, erblickte er ganz plötzlich vor sich, kaum eine Armlänge entfernt, eine wundervolle Hirschkuh. Doch als er den Bogen auf sie anlegte, floh sie in die Tiefe des Waldes. Vom Jagdfieber gepackt machte sich König Rachis sogleich auf die Verfolgung der Hindin, ohne auf Weg und Steg zu achten. Plötzlich befand er sich inmitten einer wunderschönen Hochebene, von weichem Gras und bunten Blumen unter prächtigen Kastanienbäumen bedeckt. Schon glaubte er, die Hirschkuh erlegen zu können, so nah war er ihr gekommen, da begann der Kastanienbaum, unter dem sie stand, zu funkeln und zu strahlen, und eine Stimme rief: „Nicht töten! Nicht töten, o König, wenn dir die Krone des ewigen Lebens lieb ist!“ Da erblickte Rachis über dem Kastanienbaum, wie auf einem Thron, einen Herrscher, der keinem irdischen Herrscher ähnelte. „Wer bist? Wer bist du?“ fragte der vor Furcht erstarrte Rachis mit ängstlicher Stimme. „Ich bin der König der Könige, der Herrscher aller Herrscher, und ich befehle dir, hier an diesem Ort zu meiner Ehre eine Kirche zu erbauen.“ Von diesem Tag an kleidete sich der leidenschaftliche Jäger Rachis in ein rauhes Gewand, das ein einfacher Ledergürtel zusammenhielt, und begann mit seinen Händen die Fundamente für die Kirche im Innern des wunderbaren Kastanienbaums zu graben. Als viel später diese Kirche wegen des großen Andrangs der Gläubigen nicht mehr ausreichte, wurde neben ihr eine Abtei errichtet, eine Abtei, die wuchs und mächtig wurde.

Die Legende von den Kastanien oder Wie die Kastanie in das Limousin kam (Berry / Limousin)

Einst waren das Limousin und das Berry arm, sehr arm, und obwohl ihre Bewohner immer wieder zum Himmel um Hilfe flehten, gewährte dieser ihnen kaum das tägliche Brot, ein Brot, das nicht aus feinem, weißem Mehl gebacken war, sondern ein Brot, das grob war, schwer, schwarz und so hart, daß man schon einen mächtigen Hunger und ein gutes Gebiß haben mußte, um diese dürftige Kost hinunterzuschlingen. Jede Verbesserung dieses kärglichen Lebens wäre willkommen gewesen. Denn, auch wenn man auf ein besseres Leben im Jenseits hofft, darf man doch auch Wünsche für das irdische, das diesseitige Leben haben.

„Wozu nutzt es, daß wir so berühmte Schutzheilige wie den hl. Ursinus und den hl. Martial haben, wenn wir doch von allen Gütern dieser Welt ausgeschlossen sind?" fragten die Menschen sich. Und sie beschlossen, sich bei den beiden Heiligen zu beschweren und sie inständig zu bitten, ihnen zu helfen. Der hl. Ursinus, bewegt von ihren Klagen, wandte sich an den hl. Martial und forderte ihn auf, sich um die Armen zu kümmern und bei Petrus ein gutes Wort für sie einzulegen, schließlich seien sie ja seine Nachbarn. Er habe für seine Schützlinge schon viel von Petrus erhalten, die Sümpfe, einst ungesunde Kloaken, seien entwässert und in der Ebene seien große Teiche entstanden, die nicht nur die Augen erfreuen, sondern auch von Fischen wimmeln, und so einen großen Nahrungsmittelvorrat für das Land bilden. All dies sei mit viel Arbeit und dank Gottes Hilfe erreicht worden, aber er könne nun nicht noch etwas für die Menschen im Berry und Limousin erbitten, das sei nun die Aufgabe des hl. Martial.

Der hl. Martial sah die Richtigkeit dieser Äußerung ein und beschloß nun, selbst etwas für diese armen Leute, die aller Annehmlichkeiten dieser Welt beraubt waren, zu tun. Er zog sein mit Spitzen verziertes Chorhemd an, setzte seinen Feiertagshut auf, nahm seinen Krummstab, seinen strahlendsten goldenen Heiligenschein und machte sich auf den Weg zu seinem Vetter Petrus.

Der Himmelspförtner aber schien traurig und voller Sorgen, als er den hl. Martial nach seinen Wünschen fragte. Martial antwortete: „Worüber bist du so bekümmert? Ich möchte dir doch nur eine kleine Bitte vortragen, großer hl. Petrus.“ Dieser erwiderte: „Es würde dem Himmel gefallen, wenn ich beschäftigt wäre, mein guter Martial, aber der Teufel erleichtert mir allzu sehr meine Arbeit, die Blätter meines großen Buches bleiben leider leer. Die armen Seelen nehmen allzu oft den Weg ins Fegefeuer oder gar zur Hölle. Sag mir also schnell, was du wünschst, du weißt, dass ich dir nichts verweigern kann.“

„Heiliger Petrus, ich bin gekommen, um dich um Gnade zu bitten für meine Menschen aus dem Limousin und für deren Nachbarn im Berry.“

„Für die aus dem Berry und die aus dem Limousin? Du weißt sehr wohl, dass sie so dickköpfig sind wie ihre Ziegen und noch launenhafter als diese. Dies läßt sich kaum übersehen. Und die im Béarn, sind sie besser, seit ihre Teiche voll sind von goldenen Karpfen, von köstlichen Hechten, von ellenlangen Aalen? Ich verzeihe ihnen, wenn sie sich ihres Lebens erfreuen und fröhlich sind. Ihre Vettern, die Gascogner, sind alle Lügner und doch haben sie ein Temperament, das mich oft zum Lachen bringt. Aber eure Menschen im Limousin, das sind wahre stachelige Igel."

„Ach, heiliger Petrus, was macht es, wenn die Schale rauh ist, aber das Herz großmütig und gut ist. Es wachsen so viele Unkräuter auf unseren Hügeln, aber sie sind schön und duften, so daß man vergißt, dass sie nicht nützlich sind."

„Was bist du doch für ein hervorragender Anwalt deiner Schützlinge, ich bin deshalb überhaupt nicht überrascht, dass du so viele Menschen in Aquitanien bekehren konntest. Aber sag mir, worüber beklagen sich deine Schäflein?"

„Worüber sie sich beklagen? Sie sagen, ihr Land sei dürr, steinig, übersät mit Heideflächen und schwierig zu bebauen. Sie klagen über die Überschwemmungen, über den Hagel, über zu viel Regen und zu viele Fröste. Sie haben zwar ihre kleinen, weißen Weine, um sich wenigstens ein klein wenig zu erfreuen, aber die Reben sind erkrankt, und bald werden sie nur noch Wasser zu trinken haben. Und dann werden sie böse werden, denn alle Wassertrinker sind böse."

„Aber ich kann für deine Schäfchen keine neue Erde erschaffen, lieber Vetter Martial!"

„Gott bewahre uns vor solch einem Wunsch, aber das geringste Geschenk, die kleinste Gnade, die du ihnen gewährst, werden sie dankbar annehmen. Der hl. Frontinus, sagen sie, ist der Liebling des hl. Petrus, deshalb haben unsere Nachbarn im Périgord die köstlichen Trüffeln, die Gascogner haben ihre Reben, deren rubinroter Saft den Verstand schärft und das Herz erfreut, die in der Normandie haben ihre Äpfel und ihren Cidre, die in der Provence die

Orangen, nur wir, wir haben nichts, uns hat der Himmel enterbt."

Darauf schwieg der hl. Martial, und der hl. Petrus verharrte einige Zeit in Gedanken. Und dann, als der hl. Martial ein ganz klein wenig den blauen Himmel anhob, um auf das Limousin, das er so liebte, hinunterzuschauen, da war er überrascht und beglückt von dem, was er sah: Große schattenspendende Bäume auf der Heide, die zwischen ihren gezackten Blättern stachelige Knäuel schaukelten. Und der hl. Martial lächelte über die leicht boshafte Absicht des hl. Petrus, denn diese rauhen, stacheligen Hüllen umschlossen eine köstliche Frucht - die Kastanie. (nacherzählt nach Bruneton-Governatori: Le pain de bois)

Kastanien und Tourismus

Wie schon angedeutet, spielen bei der Wiederbelebung der Kastanienkulturen neben landschaftspflegerischen auch touristische Gründe eine wichtige Rolle. Kastanien sind in bestimmten Regionen nicht nur wichtige Exportgüter und Delikatessen für die Gastronomie, mit Hilfe der touristischen Erschließung der Kastanienkulturen soll in strukturschwachen Bergregionen Italiens, Frankreichs und der Schweiz die wirtschaftliche Situation der dort lebenden Menschen verbessert werden. Deshalb werden in diesen Gebieten, in denen früher Kastanien eine bedeutende Rolle bei der Versorgung der Bevölkerung mit Nahrungsmitteln gespielt haben, Einrichtungen geschaffen, die in möglichst umfassender Weise über diese traditionellen Kastanienkulturen informieren, Museen, Informationsstellen, aber auch Wanderwege durch und zu den Kastanienkulturen Die folgenden Hinweise auf solche Einrichtungen erheben keinen Anspruch auf Vollständigkeit. Auf Angaben über Öffnungszeiten, Eintrittspreise u.ä. wurde verzichtet, da diese häufig wechseln.

Frankreich

Musée des Vallées Cévenoles	*F-30270 Saint-Jean-du-Gard*
Musée Cévenol	*F-30120 Le Vigan*
Écomusée de la Cévenne (séchoir, moulin)	*F-48160 Saint-Martin-de-Boubaux*
Musée de l'homme et de sa montagne	*F-48110 Sainte Croix Vallée Francaise*
Musée de la Châtaignerie	*F-07600 Joyeuse*
La Maison du Châtaignier	*F- 07190 Saint-Pierreville*
Musée du Rouergue	*F-12330 Salles-la-Source*
La Maison de la Châtaigne/ Chemins de la Châtaigne	*F-15340 Mourjou (Cantal)*

Schweiz

Museo etnografico della Valle di Muggio Casa Cantoni Cabbio (TI)
(Die Ausstellung zur Kastanienkultur befindet sich im Weiler Lattecaldo am Sitz der regionalen Forstanstalt des Valle di Muggio.)
Museo della civiltà contadina del Mendrisiotto Stabio (TI)
(Informationen für beide Einrichtungen über: Ente Turistico del Mendrisiotto e Basso Ceresio CH-6850 Mendrisio)

Museo etnografico del Malcantone Curio (TI)
Sentiero del Castagno Arosio (TI)
(Informationen für beide Einrichtungen über: Ente Turistico del Malcantone CH-6987 Caslano, für den Kastanienweg (Sentiero del Castagno) gibt es ein Faltblatt mit ausführlicher Beschreibung)

Kastanien-Lehrpfad im Kastanienhain Brentan im Bergell oberhalb von Castasegna (GR)
(Informationen über: Ente Turistico pro Bregaglia CH-7605 Stampa)

Italien

Museo del Castagno in Ortignano, Raggiolo (Casentino)

Museo del Bosco e della Montagna in Stia (Casentino)

Museo del Castagno in Colognora (Pescaglia), Val di Roggio (Lucca)

Museo Etnografico delle Lunigiana in Villafranca Lunigiana (Massa-Carrara)

Museo del Castagno in Zocca (Modena)

In der Provinz Cuneo im Piemont gibt es eine Strada della Castagna bianca (Straße der weißen Kastanien), die mehrere kleinere ethnographische Museen, Kastanienhaine, Kastanienmühlen u.ä. berührt und verbindet In Planung ist auch eine Strada europea della castagna, eine europäische Kastanienstraße, die in Kalabrien beginnen soll, über Kampanien, die Emilia Romagna, Ligurien, Piemont, nach Frankreich in die Cevennen und die Region Rhône-Alpes führen soll, und von dort über Korsika nach Spanien.

In allen Regionen, in denen Kastanienkulturen verbreitet sind, gibt es jährlich in den Monaten Oktober und November an vielen Orten Kastanienfeste und Kastanienmärkte und spezielle gastronomische Angebote rund um die Kastanie, in der Pfalz z.B. in Annweiler, Edenkoben und Hauenstein (Deutsches Schuhmuseum).

Darüber hinaus gibt es seit neuestem den „Pfälzer Keschdeweg“. Er führt über 42 km von Hauenstein über Annweiler nach Edenkoben und vermittelt einen interessanten Einblick über das reichhaltige Angebot an Pfälzer Kastanien.

Kastanienprodukte - Kastanien in der Küche

Meine ersten „kulinarischen" Erfahrungen mit Kastanien beschränken sich auf Kastaniengemüse aus selbst gesammelten „Keschde" und gebratene Kastanien, die die Erwachsenen zum neuen Wein verzehrten, während wir Kinder dazu den frischen Most direkt von der Kelter bekamen.

Später begegneten mir die Kastanien gelegentlich in ihrer glasierten Form zusammen mit Rotkraut als

Beilage zu Wild. Und bei meinen ersten Besuchen in Frankreich lernte ich sie in Form der „Vermicelles" als Süßspeise kennen, wenn auch nicht lieben. Die gebratenen Kastanien gibt es auch heute noch, sie sind nach wie vor beliebte Begleiter des neuen Weines und in vielen Städten stehen wie zu Großmutters Zeiten die Maronenbrater, und es ist angenehm, an einem kalten Wintertag die von der Kälte klammen Finger an den heißen Maroni zu wärmen. Aber selbst in den Regalen der Supermärkte, und dies nicht nur in Frankreich, sondern auch bei uns, finden wir immer mehr fertige Kastanienprodukte, wodurch es möglich wird, dass Kastanien, auch außerhalb der Saison und außerhalb der Gebiete, in denen Kastanien reif werden, Teil der Alltagsküche werden können.

Es gibt mittlerweile ein breit gefächertes Angebot an Kastanienprodukten aus all den Gebieten, in denen Kastanien als Fruchtbäume kultiviert werden:

Kastanien, luftgetrocknet oder rauchgetrocknet
Kastanien roh (vakuumverpackt)
Kastanien gekocht, naturbelassen, im Glas
Kastanienmehl aus luftgetrockneten (geschmacksneutral) oder aus traditionell über Schwelfeuer getrockneten Kastanien (intensiver Rauchgeschmack)
Kastaniennudeln (aus Kastanienmehl mit Vollkornmehl vermischt)
Kastanienflocken (für Müsli, für Suppen, aber auch für Desserts)
Kastanienkonfitüre (Brotaufstrich, Desserts, Pâtisserie)
Kastanienpürée (gesüßt oder ungesüßt) (für Vermicelles, für Eis, für Desserts, in der Zucker-/Feinbäckerei, unterscheidet sich von der Kastanienkonfitüre durch andere Herstellungsart)
Kastaniencrème (als Brotaufstrich, als Dessert, in der Zucker-/Feinbäckerei, unterscheidet sich vom Kastanienpürée durch eine andere Art der Zubereitung)
Kastanienhonig
Kastanienlikör (als Aperitif vermischt mit Weißwein oder Sekt, anstelle von Johannisbeerlikör, Pfirsichlikör oder Brombeerlikör)
Kastanien in Cognac (Weinbrand) (als Aperitif, aber auch als Beilage zu Geflügel, Kalb, Schwein, Wild)
Kastanienbier (Korsika, Schweiz)

Ein paar praktische Tips

Portionierung
Pro Person rechnet man etwa 200 g Kastanien (geschält und enthäutet), am besten selbst im Pfälzerwald gesammelt („wilde" Kastanien sind geschmacklich den „kultivierten" überlegen, übrigens ist auch das Holz der „wilden" dem der „kultivierten" vorzuziehen), 1 kg frische Kastanien (mit Schale) ergibt etwa 850 g blanchierte und geschälte Kastanien, 100 g getrocknete Kastanien entsprechen etwa 200 g gekochten. Getrocknete Kastanien müssen über Nacht eingeweicht werden.

Schälen und Kochen
Entweder so: Die Kastanien einschneiden, einen Schnitt rund um die Frucht oder vom unteren Ende ausgehend bis zum „Schwänzchen" („Die Kastanie hat ein Schwänzchen fein, heb sie auf und sie ist dein!" heißt es in einem Sprichwort aus dem Tessin.) und auf der anderen Seite wieder zurück zum Ausgangspunkt. Dabei so tief einschneiden, dass man auch an das innere Häutchen kommt. Die eingeschnittenen Kastanien in kochendes Salzwasser geben und drei bis fünf Minuten kochen. Die Kastanien dann herausnehmen und sehr warm schälen. Äußere Schale und inneres Häutchen lassen sich so leicht entfernen. Im warmen Wasser dann auf kleiner Flamme ca.15 Minuten weiterkochen lassen.

Oder so: Die äußere Schale entfernen, das innere Häutchen bleibt an der Frucht. Die geschälten Kastanien in kochendes gesalzenes Wasser geben und zugedeckt etwa 15 Minuten sanft kochen. Danach das Kochwasser wegschütten, die Kastanien müssen im warmen Topf bleiben, um nicht abzukühlen. Das feine innere Häutchen läßt sich jetzt leicht entfernen. Die Kastanien bis zu ihrer weiteren Verwendung warm stellen.

Einfrieren
Frisch geerntete Kastanien lassen sich gut einfrieren. Dabei zuerst auf der runden Seite der Kastanie die Schale so tief einritzen, dass die eigentliche Frucht nicht verletzt wird. Die so behandelten Früchte in kochendem Wasser portionsweise etwa vier Minuten blanchieren. Kastanien, die später gebraten werden sollen, im Wasserbad auskühlen und portionsweise in Tiefkühlbeutel füllen. Kastanien zum Kochen dagegen sollten heiß geschält werden, das innere Häutchen mit einem Messer abgezogen werden und nach dem Auskühlen portionsweise in Gefrierbeutel gefüllt werden. Tiefgefrorene Kastanien sind etwa 12 Monate haltbar. Die tiefgekühlten Kastanien ohne vorheriges Auftauen garen. Auch Kastanienpürée läßt sich leicht selbst herstellen und einfrieren. Die Kastanien schälen, über Dampf (Dampfdrucktopf, Dämpfer) kochen bis sie zerfallen, pürieren und in Gefrierbeuteln oder Tiefkühldosen einfrieren, nach Belieben gesüßt oder ungesüßt. Auch das Pürée hält sich etwa 12 Monate.

Kastanienrezepte

Suppen

Kastaniensuppe

Zubereitung

Den Backofen auf ca. 250° vorheizen.

Die Kastanien am spitzen Ende kreuzweise einschneiden, auf ein Backblech legen und etwa 20 Minuten im Backofen rösten, bis die Schalen aufplatzen. Die Kastanien dann schälen und mit der Fleisch- oder Gemüsebrühe zugedeckt etwa 40 Minuten kochen lassen.

Die Hälfte der Kastanien kleinwürfeln und bei Seite legen. Die übrigen mit der Brühe durch ein Sieb passieren und in den Topf zurückgeben. Vom Weißbrot die Rinde abschneiden und die lockere Weißbrotkrume in Stückchen schneiden. Das Weißbrot in die Suppe rühren und einige Minuten kochen lassen. Die Suppe mit dem Salz, dem Pfeffer und dem Zucker abschmecken und vor dem Servieren die Butter darin zerlassen. Die Suppe mit den gewürfelten Kastanien bestreuen.

Zutaten

500 g Kastanien
1/4 l Fleisch- oder Gemüsebrühe
100 g Weißbrot
Salz
Pfeffer
Zucker
2 EL Butter

Kastaniensuppe nach Hildegard von Bingen

Zubereitung

100 g Kastanien für die Suppeneinlage in kleine Würfel schneiden, den Rest grob hacken. Lauchzwiebeln klein schneiden und mit den gehackten Kastanien in Pflanzenfett anschwitzen, mit Essig, Portwein und Hühnerbrühe ablöschen und die Kastanien weich kochen. Die Kastanien mit der Brühe und der Sahne pürieren und durch ein Sieb streichen, wieder in den Topf geben und mit Salz, Pfeffer und Muskat abschmecken. Die in Würfel geschnittenen Kastanien in Pflanzenfett anrösten und in die Suppe geben. Die Suppe zum Schluss nochmals mit einem Löffel geschlagener Sahne aufmixen.

Zutaten
500 g geschälte Kastanien
1 Bund Lauchzwiebeln
1 l Hühnerbrühe
0,1 l Sahne
40 ml Portwein,
1 EL geschlagene Sahne
Essig
Pflanzenfett
Salz, Pfeffer
Muskat

Kastanien-Fenchel-Suppe

Zutaten
20 g Butter
etwas Thymian
100 g Fenchel
500 g geschälte Kastanien
Salz
Pfeffer
Muskatnuss
100 g Paniermehl
1/2 TL Petersilie

Zubereitung

Butter in einem Kochtopf zergehen lassen. Thymian klein geschnitten und Fenchel grob gewürfelt beigeben und dünsten. Die geschälten Edelkastanien und Wasser beigeben, 40 Minuten köcheln lassen.

Mit Salz, Pfeffer, Muskatnuss und Paniermehl in die Passiermaschine geben und in den Kochtopf zurückseihen. Aufkochen. Petersilie hacken und über die Suppe streuen.

Kastanien-Kürbis-Suppe

Zubereitung

Für die Kastaniensuppe Bouillon und Rotwein aufkochen. Die noch gefrorenen oder gekochten Kastanien beifügen. Die Suppe zugedeckt etwa 20 Minuten kochen lassen. Einige gekochte Kastanien für die Garnitur beiseite legen.

Gleichzeitig die Kürbissuppe zubereiten: Den Kürbis in Stücke schneiden. Die Zwiebel schälen und fein hacken. Beides in der Butter andünsten. Die Bouillon dazugiessen. Die Suppe mit Nelkenpulver würzen und zugedeckt etwa 20 Minuten kochen lassen, bis der Kürbis weich ist. Kürbisstücke herausheben, in Streifen schneiden und für die Garnitur beiseite legen.

Die beiden Suppen pürieren. Je die Hälfte des Rahms beifügen und die beiden Suppen mit Salz und Pfeffer abschmecken.

Zum Anrichten je eine Suppenkelle mit Kastanien- und Kürbissuppe füllen und gleichzeitig in die vorgewärmten Suppenteller giessen, so dass die Suppen möglichst nicht ineinanderlaufen. Mit den Kastanien und Kürbisstreifen garnieren.

Zutaten

Kastaniensuppe
1/2 l Hühnerbrühe
0,1 l Rotwein
250 g tiefgekühlte oder bereits gekochte und geschälte Kastanien

Kürbissuppe
300 g Kürbis
1 Zwiebel
1 EL Butter
0,4 l Hühnerbouillon
etwas Nelkenpulver

Zum Fertigstellen
0,1 l Rahm
Salz
Pfeffer

Kastanien-Linsen-Suppe

Zutaten
200 g Linsen
1 gehackte Zwiebel
2 gehackte Karotten
2 gehackte Stangensellerie
2 EL Olivenöl
1 Bund Petersilie
Salz
2 EL Sojasauce
200 g Kastanienpüree

Zubereitung

Linsen einweichen und aufkochen. 10 Minuten kräftig kochen lassen, dann etwa 1 Stunde gedeckt köcheln lassen.

Zwiebeln, Karotten und Sellerie im Öl dünsten.

Gemüse zu den Linsen geben (Gemüse und Linsen müssen mit Wasser bedeckt sein) und weitere 20 Minuten köcheln lassen.

Mit Salz und Sojasauce abschmecken und pürieren.

Kastanienpüree zugeben, gut mischen, abschmecken und aufkochen.

Kurz vor dem Servieren, Petersilie einrühren.

Kastanien-Oxtail-Suppe

Zubereitung

Zwiebeln und Karotten im Olivenöl andünsten.

Ochsenschwanz in Scheiben schneiden, im Mehl wenden, im heißen Sonnenblumenöl anbraten, zu den Zwiebeln und Karotten geben. Kastanien zugeben, mit Wasser abdecken und aufkochen. Mit Salz und Pfeffer abschmecken und 45 Minuten köcheln lassen.

Fleisch von den Knochen lösen, Knochen entfernen.

Danach die Kastanien pürieren und das Fleisch unterheben.

Zutaten
500 g geschälte Kastanien
2 gehackte Zwiebeln
4 gehackte Karotten
2 EL Olivenöl
750 g Ochsenschwanz
Mehl
2 EL Sonnenblumenöl
1,5 l Wasser
Meersalz
Pfeffer

Kastanien-Soja-Suppe

Zutaten

500 g geschälte Kastanien
1 Zwiebel
2 Karotten
2 EL Olivenöl
1 TL Salz
2 EL Sojasauce
etwas gehackte Petersilie

Zubereitung

Zwiebel und Karotten klein hacken, im Öl dünsten (etwa 15 Minuten).

Kastanien zugeben, mit etwa 1 l Wasser abdecken, salzen und köcheln lassen, bis sie weich sind.

Pürieren und mit Sojasauce abschmecken.

Vor dem Servieren mit gehackter Petersilie bestreuen.

Kastanien-Steinpilz-Suppe

Zutaten
2 gehackte Zwiebeln
2 EL Olivenöl
200 g frische Steinpilze
0,2 l trockener Rotwein
250 g Kastanienpüree
1,5 l Hühnerbrühe
1 Zweig Rosmarin
Salz
Pfeffer
0,2 l Rahm
200 g Toastbrot

Zubereitung

Die gehackten Zwiebeln im Olivenöl dünsten, die blättrig geschnittenen Steinpilze beifügen und mitdünsten, mit Rotwein ablöschen. Kastanienpüree dazugeben, mit der Brühe auffüllen, Rosmarin hinzufügen und mit Salz und Pfeffer abschmecken. Etwa zwanzig Minuten sieden lassen. Kurz vor dem Servieren den Rahm beifügen.

Das geröstete Toastbrot in die Teller verteilen und mit der Suppe auffüllen.

Kastaniensuppe à la Mama

Zutaten
80 g Kastanien geschält
50 g Butter
20 g Zwiebeln
20 g Sellerie
3/4 l Gemüsebrühe
1/4 l Sahne
50 ml Weißwein
Salz, Pfeffer, Muskat

Zubereitung

Die Butter zerlaufen lassen, die feinen Zwiebelwürfel mitschwitzen. Den Sellerie dazugeben und mit den Kastanien vermengen. Gemüsebrühe und Sahne unter ständigem Rühren zufügen. Mit Wein, etwas Pfeffer, Muskat und Salz würzen. Aufkochen lassen und passieren.

Mit gerösteten Weißbrotwürfeln servieren.

Kastanienrezepte

Beilagen und Zwischengerichte

Gesalzene Kastanienkroketten

Zubereitung

Die Kastanien weich kochen. Abseihen und durch ein Passiersieb drücken.

Die Milch mit Butter, Weißbrotbröseln, klein gehackter Zwiebel, Lorbeerblatt, Nelken, Salz und Pfeffer in einer Schüssel vermischen und im Wasserbad 10 Minuten erhitzen, dabei gelegentlich umrühren.

Das Lorbeerblatt und die Nelken entfernen, das Kastanienpüree mit einem verquirltem Ei vermengen. Die Masse in einen Spritzbeutel füllen und 3 cm lange Stangen spritzen. Auskühlen lassen.

Aus den Stangen Kroketten oder walnussgroße Kugeln formen. Ein weiteres verquirltes Ei mit Salz würzen und die Kroketten hineintauchen.

In den Semmelbröseln wenden und in 180° heißem Öl fritieren.

Immer nur wenige Kroketten gleichzeitig in das Öl legen, damit die Temperatur nicht zu stark absinkt. Die fertigen Kroketten mit einem Schaumlöffel aus dem Öl heben und auf Küchenkrepp abtropfen lassen. Sehr heiß servieren.

Zutaten

500 g geschälte Kastanien
1/4 l Milch
20 g Butter
100 g frische Weißbrotbrösel
1 kleine Zwiebel
1 Lorbeerblatt
4 Nelken
Salz
Pfeffer
2 Eier
100 g Semmelbrösel
Öl

Kastanien-Kartoffel-Nocken

Zubereitung

Die gekochten Kartoffeln pürieren. Mit den Kastanien vermengen und dann mit Eigelb und Mehl einen Teig kneten. Mit einem Teelöffel kleine Nocken ausstechen und im kochenden Salzwasser garen. Die zerlassene Butter, den geriebenen Käse und den kleingehackten Schnittlauch darüber geben.

Zutaten
750 g Kartoffeln
200 g pürierte Kastanien
150 g Mehl
2 Eigelb
50 g Butter
Schnittlauch
geriebener Käse

Kastanien-Käse-Soufflé

Zubereitung

Das Mehl in der Butter kurz anschwitzen. Die Milch dazugeben und unter Rühren kurz aufkochen. Auf kleinem Feuer köcheln lassen, bis die Masse bindet. Würzen. Auskühlen lassen.

Portionsförmchen ausbuttern und mit Mehl bestäuben.

Ofen auf 200°C vorheizen.

Eigelb und Käse unter die Mehlmasse rühren. Das zu Schnee geschlagene Eiweiß darunter ziehen.

Soufflémasse in die vorbereiteten Förmchen füllen. Im vorgeheizten Ofen rund 35 Minuten backen.

Zutaten

60 g Butter
40 g Kastanienmehl
1/4 l Vollmilch
Kräutersalz
Pfeffer
Muskatnuss
100 g Parmesan
Paprikapulver, edelsüß
3 Eier
Butter; für die Form

Kastanienblinis mit Lachs

Zubereitung

Die Kastanien kochen, schälen und pürieren, Eigelb einrühren, sowie Milch zugeben.

Das Eiweiß steif schlagen und vorsichtig unterziehen. Mit Salz und Pfeffer nach Geschmack würzen.

Blinis backen, warm stellen. Mit Lachs belegt servieren. Crème fraîche dazu reichen.

Zutaten
250 g Kastanien
2 Eigelb
1 Eiweiß
1/2 l Milch
Salz
Pfeffer
etwas Fett
200 g geräucherter Lachs
Crème fraîche

Kastaniennudeln

Zubereitung

Die Eier verquirlen und mit dem Mehl, einem EL Olivenöl und etwas Salz zu einem Teig verrühren. Den Teig in Klarsichtfolie packen und 1 Stunde ziehen lassen. Danach in kleine Portionen teilen und dünn ausrollen. Die dünnen Scheiben mit einem Messer in Streifen schneiden. In kochendem Salzwasser die Nudeln drei Minuten ziehen lassen. Danach mit in Öl gebackenen Salbeiblättern belegen und heiß servieren.

Zutaten

100 g Weizenmehl

100 g Kastanienmehl

2 Eier

Olivenöl

Salz

Salbeiblätter

Kastanienrouladen

Zubereitung

Milch, Eier und Olivenöl verquirlen. Mit dem Kastanienmehl und etwas Salz zu einem Teig kneten. 30 Minuten zugedeckt ziehen lassen. Danach die kleingehackten Rosmarinnadeln unterziehen.

Anschließend mit etwas Olivenöl zu Pfannkuchen ausbacken. Dann entweder Räucherlachs auflegen, rollen und in Stücke schneiden oder Pfifferlinge bzw. Steinpilz-Ragout auf die Pfannkuchen streichen und ebenfalls rollen.

Zutaten

1/4 l Milch
3 Eier
100 g Kastanienmehl
Olivenöl
Salz
Rosmarin

Kastaniensalat

Zutaten
100 g Kastanien
80 g Steinpilze
Blattsalate der Saison
Kastanien-Essig
Traubenkernöl
Salz, Pfeffer, Kräuter

Zubereitung

Die gekochten Kastanien vierteln, Steinpilze in Scheiben schneiden, Blattsalate der Saison beifügen. Mit einer Vinaigrette aus Kastanien-Essig, Öl, Salz, Pfeffer und frischen Kräutern anmachen

Beilage mit Kastanien

Zubereitung

Öl in eine Pfanne gießen, Edelkastanien darauf legen, dann Rosmarin und Salz zugeben. 5 Minuten auf schwachem Feuer bräunen lassen, dann Brühe darüber gießen und eine Stunde kochen lassen.

Zutaten:
400 g geschälte Edelkastanien
2 EL Olivenöl
1 l Brühe
1 Zweig Rosmarin
1 Prise Salz

Glutenfreies Brot

Zutaten Sauerteig
300 g Reismehl
100 g Kastanienmehl
30 g Hefe
2 EL Zucker
0,8 l lauwarmes Wasser

Zutaten Brot
500 g glutenfreies Mehl
0,35 l lauwarmes Wasser
_ Würfel Hefe oder ein Päckchen
1 TL Salz

Zubereitung

Aus den Zutaten einen glatten Teig rühren und zugedeckt an einem warmen Ort 48 Stunden stehen lassen. Der Sauerteig hält sich im Kühlschrank ca. 8 Tage frisch oder eingefroren bis zu einem halben Jahr.

Hefe in der lauwarmen Flüssigkeit auflösen. Salz mit der Mehlmischung vermengen. Hefelösung mit dem Handrührgerät (Knethaken) langsam unter das Mehl arbeiten und ca. 5 Minuten auf höchster Stufe kneten. Teig in eine gefettete Kastenform füllen, mit Wasser bestreichen und abdecken, 30 Minuten an einem warmen Ort aufgehen lassen. Teig mit flüssigem Fett bestreichen und nach Belieben einschneiden. In den auf 200 – 220° C vorgeheizten Backofen schieben und 50 – 60 Minuten backen. Eine Tasse heißes Wasser dazustellen.

Kastanien-Zwiebel-Gemüse mit Äpfel

Zubereitung

Zwiebeln pellen und halbieren, in Scheiben schneiden und im Fett glasig dünsten. Die geputzten Kastanien dazu geben, kurz andünsten, mit Brühe und Wein auffüllen und ca. 15 – 20 Minuten garen.
Äpfel schälen, vierteln und Kerngehäuse entfernen. Äpfel in Spalten schneiden und zum Gemüse geben; weitere 5 Minuten schmoren. Mit Salz, Pfeffer und Majoran würzen.

Schmeckt hervorragend zu Enten- und Gänsekeule.

Zutaten

500 g essfertig vorbereitete Kastanien
250 g Zwiebel
40 g Butter oder Margarine
0,1 l Hühnerbrühe
4- 6 EL Weißwein
2 säuerliche Äpfel
Salz
Pfeffer
2 TL Majoran

Kastanien mit Kartoffeln

Zutaten
1 kg Kastanien
1 kg Kartoffeln
50 g Butterschmalz
3 EL Zucker
Salz

Zubereitung

Kastanien mit spitzem Messer über Kreuz an der flachen Seite einschneiden und 20 Minuten bei 200° C im Backofen garen (oder 20 Minuten im Salzwasser kochen). Schälen und auch die braune Haut entfernen. Kartoffeln kochen, kalt abschrecken, schälen und salzen. Dann die erkalteten Kastanien und die Kartoffeln in der Pfanne mit Butterschmalz bei reichlicher Hitze schnell goldbraun anbraten. Zum Schluss Zucker dazugeben und leicht kandieren.

Kastanien-Bratlinge

Zubereitung

Kastanien rund 20 Minuten garen und pürieren. Kastanienpüree, zerdrückter Roquefort, Eier, Möhren, Schlagsahne und gehackte Petersilie gut vermengen. Mit Salz und Pfeffer würzen.

Danach die Kastanienmasse esslöffelweise in das heiße Butterschmalz geben, flachdrücken und die Bratlinge beidseits langsam braten.

Zutaten
300 g geschälte Kastanien
100 g Roquefort
2 Eier
50 g Möhren
4 EL Schlagsahne
1 Bund Petersilie
Pfeffer
Salz

Kastanien-Buchteln

Zubereitung

Kastanien in der Sahne weichkochen, dabei stark einkochen lassen. Grob zerstampfen, pfeffern und salzen. Auskühlen lassen.
4 EL Milch erhitzen, Zucker und Hefe darin auflösen.
Mehl in einer Schüssel mit Eiern, 80 ml Milch, 1 Msp. Salz und der Hefe-Milch verrühren, die weiche Butter und das Kastanienpüree unterheben. Zugedeckt an einem warmen Ort 30 Min. gehen lassen.
Teig auf einer bemehlten Arbeitsfläche kräftig durchkneten, 2 cm dick ausrollen und in 4 cm lange Streifen schneiden. Die Teigstreifen wurstähnlich rollen. Die Rollen in 3 cm Stücke schneiden und Kugeln formen.
Feuerfeste Form ausbuttern und die Kugeln sehr eng nebeneinander hineinsetzen. Zugedeckt 15 Min. gehen lassen. Eigelb verquirlen und die Kugeln damit bestreichen.
Die Form in den vorgeheizten Backofen stellen und bei 200° C 35 - 40 Min. backen. (Gas 3, Umluft 180° C bei 30 Min. Backzeit).
Aus dem Ofen nehmen und mit einem Löffel portionieren.

Passt prächtig zu einem deftigen Gulasch.

Zutaten
250 g küchenfertige Kastanien
0,2 l Schlagsahne
0,1 l Milch
25 g Zucker
Salz
Pfeffer
350 g Mehl
2 Eier
75 g handwarme Butter
20 g Hefe
1 Eigelb
Fett für die Form

Kastanien-Gemüse

Zubereitung

Kastanien mit spitzem Messer kreuzweise einschneiden und in Salzwasser 20 Minuten kochen. Kalt abschrecken und sofort schälen. In Butter 10 Minuten anschmoren und dann je eine knappe Tasse Fleischbrühe (Würfel) und süßen Rahm zugeben, in den man 1 TL Mehl gerührt hat. Noch 10 Minuten leicht kochen und mit Salz und Pfeffer abschmecken.

Zutaten

1 kg Kastanien
50 g Butter
1/4 l Fleischbrühe
1/4 l Sahne
1 TL Mehl
Salz
Pfeffer

Kastanien-Linsen-Gemüse

Zubereitung

Die Linsen gar kochen, abgießen, salzen. Etwas Kochbrühe auffangen und mit dem Essig abschmecken. Linsen warm stellen.

Kastanien in Salzwasser weich kochen. Schälen und häuten. Im Mixer pürieren und durch ein Sieb streichen. Mit etwas Linsenwasser in eine dickflüssige Konsistenz bringen und die Linsen vorsichtig unter das Kastanienpüree mischen und zusammen erhitzen.

Honig in der Butter schmelzen und zusammen in das Gemüse geben. Mit Salz, Pfeffer und Cognac abschmecken.

In eine Schüssel füllen, mit Olivenöl beträufeln und mit Petersilie lauwarm zu Tisch bringen.

Schmeckt ganz besonders gut zu deftigem Wild.

Zutaten

300 g Kastanien
300 g Linsen (ungeschält, eingeweicht)
1 – 2 EL weißer Balsamico
2 TL Honig
30 g Butter
1 cl Cognac
1 EL Olivenöl
2 EL glatte Petersilie, fein gehackt
Salz, weißer Pfeffer

Kastanienbrot mit Rosmarin

Zubereitung

Mehle und Salz mischen. Die Hefe im Wasser auflösen und das Öl zugeben. Die Flüssigkeit zum Mehl geben und mischen. Den Teig fünf Minuten kneten und dann den gehackten Rosmarin unter den Teig arbeiten. Eine Stunde in der Wärme aufgehen lassen.

Brote formen – ca. 2 cm dick, mit lauwarmem Wasser bepinseln und die Rosmarinnadeln darüberstreuen und festdrücken. Die Brote in den kalten Ofen schieben und während 30 Minuten bei 200° backen.

Zutaten
250 g Mehl
250 g Kastanienmehl
1 TL Salz
20 g Hefe
1 EL Olivenöl
1 EL frischer Rosmarin
1 EL frische Rosmarinnadeln

Sind Sie an weiteren Büchern unseres Verlages interessiert?

ISBN-Nr. 3-937329-00-5

Im Buchhandel oder direkt bei uns erhältlich.

HMV höma Verlags GmbH
& Co. KG
Im Schlangengarten 56
76877 Offenbach
Telefon
06348 959391
Telefax
06348 959392
E-mail
info@hoema-verlag.de

KASTANIENREZEPTE

Hauptgerichte

Gans mit Kastanienfüllung

Zutaten
1 Gans ca. 4 kg
Salz
Pfeffer
Majoran
Basilikum
0,5 l Hühnerbouillon
0,1 l Apfelwein

Garnitur
8 kl. Äpfel
8 EL Preiselbeermarmelade

Füllung
100 g Weißbrot
0,1 l Geflügelbouillon
500 g geschälte Kastanien
500 g Kalbsbrät
3 Schalotten
1 EL Butter
100 g Champignons
1 Bund Petersilie
Salz
Pfeffer
Muskatnuss

Zubereitung

Die Gans innen und aussen mit Salz, Pfeffer und den übrigen Gewürzen einreiben.

Das Brot in Stücke schneiden und in der Bouillon einweichen. Das Brot gut auspressen und durch ein Sieb streichen. Mit den Kastanien und dem Kalbsbrät mischen. Die gehackten Schalotten in der Butter anziehen lassen, die gewürfelten Champignons beigeben und kurz mitdünsten. Unter die Masse arbeiten und mit Petersilie, Salz, Pfeffer und Muskatnuss abschmecken.

Die Füllung in den Gänsebauch stopfen und die Öffnung mit Küchenfaden zunähen. Die Gans mit der Brust nach unten auf ein mit Wasser gefülltes Blech mit Rand legen und in den auf 240° C vorgeheizten Ofen schieben. Nach 10 Minuten mit heißer Bouillon begiessen und bei 220° C während 90 Minuten schmoren lassen. Die Hälfte des inzwischen ausgetretenen Fettes abschöpfen. Die Gans im eigenen Fett etwa 1 Stunde bei 180° C weiterbraten. Von Zeit zu Zeit vom Bratfett etwas

abschöpfen und durch die restliche heiße Bouillon ersetzen.

Die Äpfel ungeschält mit dem Ausstecher entkernen. Eine Viertelstunde vor dem Ende der Bratzeit zur Gans legen und mitschmoren lassen, bis sie weich sind. Die Gans auf einer grossen Platte anrichten, die Äpfel dazulegen und mit Preiselbeerkonfitüre füllen.

Die Sauce nochmals entfetten, Apfelwein zufügen und auf die Hälfte einkochen lassen. Pikant abschmecken. Durch ein Sieb passieren und nach Belieben etwas frische Butter unter die Sauce schlagen.

Grünkern-Kastanientopf

Zutaten
250 g Kastanien gekocht
100 g Grünkern
1 Zwiebel
150 g Möhren
250 g Sellerie
100 g Lauch
100 g Rosenkohl
70 g Butter
1 EL gekörnte Gemüsebrühe
3 EL Petersilie
Muskatnuss
Pfeffer
Salz

Zubereitung

Den Grünkern in der vierfachen Menge Wasser 12 Stunden einweichen.

Das Gemüse waschen und putzen. Die Zwiebel würfeln. Die Möhren und den Sellerie in 1 cm breite Streifen, den Lauch in 1 cm breite Stücke schneiden. Kleine Rosenkohlröschen über Kreuz am Strunk einschneiden. Größere halbieren.

Butter in einer großen Pfanne mäßig erwärmen. Das Gemüse zugeben und kurz durchschmoren.

Den Grünkern mit dem Einweichwasser dazugeben. Zugedeckt etwa 15 Minuten kochen.

Kurz vor Ende der Garzeit die Kastanien dazugeben. Den Eintopf mit Pfeffer, Salz und Muskatnuss abschmecken. Mit kleingehackter Petersilie bestreut servieren.

Hähnchen mit Rosenkohl-Kastanienfüllung

ubereitung

as Hähnchen waschen. Innen und aussen it Salz und Pfeffer einreiben. Den Back-en auf 180 ° C vorheizen. Rosenkohl put-n. Die Zwiebel schälen in kleine Würfel hneiden.

ie Zwiebelwürfel in der Butter glasig dün-en. Rosenkohl und Kastanien dazugeben ıd unter Rühren mit anschwitzen. Von der ochplatte nehmen und abkühlen lassen. ann mit dem Kalbsbrät, der in Würfel ge-hnittenen Zunge und der gehackten Peter-ie vermischen. Mit Salz, Pfeffer und Zitro-nschale würzen und die Mischung in das ähnchen füllen. Die Öffnung zunähen. Öl ıd Butter erhitzen und das Hähnchen darin ndherum anbraten. Danach das Hähnchen it dem Rücken nach oben in den Backofen ellen. 30 Minuten braten lassen. Das Ge-igel wenden, die Brust mit etwas Honig pinseln und den Bratenfond mit der Hälfte r Hühnerbrühe ablöschen. In weiteren 40 inuten goldbraun braten, dabei immer ieder mit Honig bestreichen.

as Hähnchen herausnehmen. Den Braten-ft mit der restlichen Brühe aufgiessen und f der Kochplatte ein wenig einkochen las-n. Das Hähnchen vierteln, die Füllung mit nem Löffel herauslösen und mit dem Ge-igel auf einer Platte anrichten. Die Sauce trennt dazu reichen.

Zutaten
1 Hähnchen
100 g Rosenkohl-röschen
1 Zwiebel
20 g Butter
100g Kastanien, geschält und gekocht
Zucker
Muskatnuss
150 g Kalbsbrät
100 g geräucherte Rinderzunge
2 EL Petersilie
die abgeriebene Schale einer unbe-handelten Zitrone

Hirschrücken mit glasierten Kastanien

Zubereitung

Den gewürfelten Räucherspeck in einem Bräter auslassen. Fett zugeben und den ausgebeinten Hirschrücken gut anbraten. Zwiebeln mitrösten, Steinpilze in Scheiben zugeben.
Mit Rotwein und Brühe ablöschen. Gewürze zufügen und bei geschlossenem Topf auf Mittelhitze 40 bis 50 Minuten garen.

Zutaten
1 Hirschrücken
150 g Räucherspeck
50 g Fett zum Braten
1 gewürfelte Zwiebel
100 g Steinpilze
1/4 l Rotwein
150 g saure Sahne
Salz
Pfeffer
Petersilie
2 EL Mehl
500 g Kastanien
180 g Butter
2 EL Zucker
1/4 l Fleischbrühe
1 Prise Salz

Inzwischen die Kastanien im Ofen rösten, bis die Schalen aufplatzen. Abschälen, in einem Topf Butter und Zucker erhitzen, Kastanien zugeben. Unter ständigem Rühren 10 Minuten karamelisieren. Mit Brühe aufgiessen, salzen und zugedeckt bei schwacher Hitze 10 Minuten dünsten. Die Kastanien sollen noch ganz bleiben. In einer Schale anrichten und warm stellen. Den Hirschrücken aus dem Topf nehmen und in Scheiben schneiden. Die Sosse abschmecken, Sahne und gehackte Petersilie einrühren und mit Mehl andicken. Über das Fleisch giessen und die glasierten Kastanien dazu reichen.

Als Beilage eignen sich Spätzle oder Kroketten.

Kalbsbraten mit Kastanien

Zutaten
2 kg Kalbfleisch (Bruststück) ohne Knochen, seitlich eingeschnitten
5 EL Olivenöl
1 EL zerstoßener Rosmarin oder
1/2 TL getrockneter Rosmarin

Füllung:
100 g Paniermehl
50 g Esskastanien, ohne Schale geröstet oder gekocht, fein püriert
50 g Sellerie, fein gehackt
1 Zwiebel, fein gehackt
1 Bund Petersilie, fein gehackt
1 TL frischer Rosmarin oder
1/2 TL getrockneter Rosmarin
25 g geriebener Parmesan-Käse
1 Ei
Salz
Pfeffer

Zubereitung

Paniermehl, Kastanien, Sellerie, Zwiebel, Petersilie, Rosmarin, Käse und Ei vermischen und mit Salz und Pfeffer würzen. Die Füllung in die Fleischtasche geben und verschließen. Den Backofen auf 175° C vorheizen. Das Fleisch in einem kleinen Bräter bei mittlerer Hitze von allen Seiten braun braten. 1/8 l Wasser und den zerstoßenen Rosmarin dazu geben, zudecken und 2 Stunden schmoren.

Kaninchen mit Kastanien und Wirsing

Zutaten
2 Kaninchenrücken
50 g Speck; geräuchert
1 Zwiebel
1 Karotte
4 Wacholderbeeren
4 Pfefferkörner
1/4 l Rotwein
1 Wirsing
Salz
Pfeffer
500 g Kastanien
2 Äpfel
50 g Butter
1 EL Zucker
1 Msp. Gewürznelkenpulver
1 EL Öl
2 EL Crème fraîche

Zubereitung

Die Filets von den Kaninchenrücken ablösen, die Sehnen entfernen. Rückenknochen und Sehnen zerkleinern. Speck in grobe Würfel schneiden, mit Sehnen und Knochen in einen Topf geben, 5 Minuten rösten.

Zwiebel und Karotte würfeln, zufügen, weitere 3 Minuten rösten. Wacholderbeeren, Pfefferkörner, Rotwein und etwas Salz zufügen. Alles bei schwacher Hitze ca. 40 Minuten köcheln.

Äußere Blätter vom Wirsing entfernen. Den Kohlkopf 5 Minuten in Salzwasser blanchieren, dann abschrecken. Kastanien abgießen. Äpfel schälen, entkernen, würfeln. Hälfte der Butter in einer Pfanne aufschäumen. Äpfel, Zucker, Zimt
und Nelken 3 Minuten darin anbraten, salzen; Kastanien untermischen.

Vom Wirsing die Blätter lösen, dicke

Rippen glattstreichen. Jeweils 4 Wirsingblätter übereinanderlegen und auf jede Portion Apfel-Kastanien-Mischung geben.

Die Blätter aufrollen und festbinden. Rotweinsud durchgießen, Wirsingröllchen in den Sud legen, zugedeckt 10 Minuten schmoren.

Jedes Kaninchenfilet in gleiche Stücke schneiden, diese zu ca. 2 cm dicken Nüßchen klopfen, pfeffern. Restliche Butter mit Öl erhitzen. Pro Seite 2 Minuten braten.

Dann mit Wirsingröllchen auf einer Platte anrichten. Sauce und Crème fraîche verrühren, salzen und über das Fleisch giessen.

Kastanien-Chili

Zubereitung

Zutaten
200 g Weiße Bohnen
etwas Sonnblumenöl
300 g Rindfleisch in ca. 20 g Würfel geschnitten
2 Knoblauchzehen
100 g Zwiebeln
1 EL Tomatenpüree
400 g geschälte Kastanien
0,2 l Rotwein
Salz
Paprika
Pfeffer
Tabasco

Die Bohnen in einer Schüssel mit kaltem Wasser bedeckt vier bis fünf Stunden einweichen. Dann die Bohnen in ein Sieb geben, abtropfen lassen, Einweichwasser weggiessen.

Öl in einem Schmortopf erhitzen, Rindfleischwürfel darin gut anbraten. Knoblauch und Zwiebeln beigeben und mit dem Fleisch leicht weiterdünsten. Kastanien beigeben, Rotwein und Wasser zugiessen, Salz und Gewürze einrühren und alles zusammen eine Stunde leicht kochen lassen, bis das Fleisch, die Bohnen und die Kastanien weich sind. Wenn nötig, Wasser oder Wein nachgiessen.

Wenn nötig mit Salz, Pfeffer und Tabasco nachwürzen, heiß servieren.

Kastanien-Rinder-Küchlein

Zubereitung

Die geschälten Kastanien in einem Kochtopf mit Wasser bedeckt 20 Minuten köcheln lassen. Anschließend in eine Schüssel seihen. Die übrigen Zutaten gemahlen bzw. gerieben dazugeben, das Ganze gut mischen.

Die Masse zu Küchlein formen, auf einem mit Dinkelmehl bestäubten Kuchenblech eine halbe Stunde im Kühlschrank ruhen lassen.

Sonnenblumenöl in der Bratpfanne erhitzen und die Küchlein vorsichtig ausbraten.

Zutaten
200 g geschälte Kastanien
1 Zwiebel
400 g Rinder-Hackfleisch
50 g Paniermehl
2 Eier
20 g Parmesankäse
1/2 TL Muskatnuss
1 TL Salz
1/2 TL Pfeffer
1/2 TL Kreuzkümmel
1/2 TL Koriander
2 EL Sonnenblumenöl

Kastanieneintopf

Zubereitung

Die Kastanien einschneiden, etwa 10 Minuten kochen, dann schälen. Den Kohl in einzelne Blätter teilen und diese 5 Minuten in kochendes Salzwasser geben, dann gut abtropfen lassen.

Kartoffeln schälen, in Würfel schneiden, den Speck ebenfalls würfeln und die Würste in dicke Scheiben schneiden. Eine feuerfeste Form mit der Hälfte der Kohlblätter auslegen, dann die mit Kartoffeln, Speck und Wurstscheiben vermischten Kastanien daraufgeben. Fleischbrühe und Wein dazugiessen und mit den restlichen Kohlblättern überdecken. Die Form mit einem Deckel schliessen und im vorgeheizten Ofen bei etwa 180° eine gute Stunde kochen.

Zutaten

400 g Kastanien
1 Kohlkopf
400 g Karoffeln
400 g Speck
4 gekochte Schweinsbratwürste
1/4 l Fleischbrühe
1/4 l Weißwein
Salz, Pfeffer, Salbei, Thymian

Kastanienragout mit Salbei

Zubereitung

Zwiebeln kleinhacken und in Olivenöl anschwitzen. Die feingeschnittenen Salbeiblätter dazugeben und mit anschwitzen. Die Kastanien dazugeben und das Ganze auf kleinem Feuer 5 Minuten dünsten. Die Zwiebeln dürfen nicht braun werden.

Mit Milch ablöschen, würzen, aufkochen und auf kleinem Feuer 8 bis 10 Minuten zugedeckt köcheln lassen. Möglichst nicht rühren, damit die Kastanien nicht zerfallen. Das Ragout sollte schön feucht sein, evtl. etwas Milch zugiessen.

Das Ragout gibt zusammen mit Gemüse und Salat eine komplette Mahlzeit.

Zutaten
2 Zwiebeln
4 EL kaltgepresstes Olivenöl
30 Salbeiblätter
800 g geschälte Kastanien
1/4 l Milch
Salz
Pfeffer

Pfälzer Kastaniensaumagen à la Eselsburg

Zutaten für 6 - 8 Personen

1 frisch geputzter Saumagen (am Besten beim Metzger bestellen)
1 kg Bratwurstfüllsel (Schweinemett)
1 kg mageres Schweinefleisch von der Schulter, gewürfelt
1 kg vorgegarte Kastanien
Majoran
Pfeffer
Salz
Muskat
Koriander
Piment
1/8 l Riesling
1 Ei
3 Zwiebeln, gewürfelt und in Schmalz angebraten
2 St Lauch, in Streifen geschnitten und in Schmalz angebraten

Zubereitung

Alle Zutaten gut vermengen, würzen und in den Magen füllen. Fest zubinden und in siedendem Salzwasser 2,5 – 3 Std. garen. Nach dem Abkühlen in Scheiben schneiden und in Butterschmalz beidseitig kurz anbraten.

Dazu serviert Peter Wiedemann – Kunstmaler und Eselswirt – Apfelrotkraut und Kartoffelpüree.

Rindergulasch mit Kastanien

Zubereitung

Das Fleisch in Butterschmalz anbraten. Die Zwiebeln dazugeben und kurz mitbraten. Mit der Hälfte vom Bier ablöschen.

Tomatenmark, Thymian, Salz und Pfeffer dazugeben. Den Topf schliessen und etwa eine Stunde schmoren lassen.

Die Kastanien 15 Minuten im Wasser kochen. Sofort die Schale und die braunen Häutchen abziehen. Den Kürbis in Würfel schneiden. Beides nach einer Stunde Garzeit zum Gulasch geben. Das restliche Bier dazugiessen und alles dreißig Minuten weiterschmoren lassen.

Fleisch, Kastanien und Kürbis aus dem Topf nehmen und die Sauce auf die Hälfte einkochen. Sahne unterrühren, aufkochen lassen und die Sauce über das Fleisch geben, abschmecken. Mit der gehackten Petersilie bestreut servieren.

Zutaten
1 kg Rindergulasch
30 g Butterschmalz
12 Perlzwiebeln
1/2 l Bier
1 EL Tomatenmark
1 TL getrockneter Thymian
Salz
Pfeffer
500 g Kastanien
500 g Kürbis
1/4 l Sahne
1 EL Petersilie

Rumpsteaks mit Kastanienkruste

Zutaten

Kruste

60 g Butter
2 EL Schalottenwürfel
1 EL durchwachsener Speck (gewürfelt)
250 g küchenfertige Kastanien
200 ml Rinderbrühe
Salz
Pfeffer
getrocknete Chilischoten
1 EL gehackte Petersilie
40 g Semmelbrösel

Steaks

4 Rumpsteaks (à 200 g)
40 g Butterschmalz
1 Thymianzweig
1 Rosmarienzweig
50 ml Balsamico
40 g kalte Butter
200 ml Rinderbrühe
Salz
Pfeffer

Zubereitung

Für die Kruste 20 g Butter erhitzen und Schalotten, Speck und Kastanien anbraten. Mit Rinderbrühe auffüllen und stark einkochen, bis die Flüssigkeit fast verkocht ist. Mischung etwas abkühlen lassen und dann fein mit der Küchenmaschine pürieren; mit Salz, Pfeffer und zerriebenem Chili und Petersilie würzen.

Die Steaks in Butterschmalz kurz und kräftig anbraten (ca. 3 – 4 Min). In der letzten Minute die Kräuter mitbraten. Salzen, pfeffern. Die Steaks auf ein Backblech setzen, dick mit dem Kastanienpüree bestreichen, mit Semmelbrösel bestreuen und die restliche Butter in dünnen Scheiben darauflegen. Bei 240° ca. 7 – 8 Min. überkrusten.

Zwischenzeitlich Bratensatz mit dem Essig loskochen, mit Rinderbrühe auffüllen und bei starker Hitze etwas einkochen lassen. Die eiskalte Butter in kleinen Stücken einrühren und die Sauce zu den Steaks geben.

Schweinebauch mit Kastanien

Zubereitung

Die gedörrten Kastanien 12 Stunden in kaltem Wasser einweichen. Die braunen Häutchen lassen sich dann gut entfernen.

Den Schweinebauch mit kaltem Wasser bedeckt aufsetzen. Langsam aufkochen, dann zugedeckt auf kleinem Feuer etwa 50 Minuten kochen lassen. Herausnehmen und gut abtropfen lassen.

Den Zucker hellbraun schmelzen. Die Butter hinzufügen und aufschäumen lassen. Die Kastanien dazugeben und unter Rütteln der Pfanne mit Karamel überziehen. Mit der Bouillon ablöschen. Den Schweinebauch auf die Kastanien legen und alles zugedeckt 40 Minuten garen.

Die Kartoffeln schälen und in Würfel schneiden. Nach 15 Minuten Kochzeit beifügen und mitgaren. Wenn nötig etwas Bouillon nachgiessen.

Zum Servieren den Schweinebauch in Scheiben aufschneiden. Kastanien und Kartoffeln in eine vorgewärmte Schüssel geben und das Fleisch darauf anrichten.

Zutaten

250 g gedörrte Kastanien
700 g geräucherter Schweinebauch
50 g Zucker
1 EL Butter
1/4 l Hühnerbouillon
5 Kartoffeln

Wildschweinrücken mit Kastaniensauce

Zutaten
20 Kastanien
50 g Butter
1 TL Zucker
250 ml Gemüsefond
100 ml Sahne
2 cl Pfälzer Weinbrand
Wildschweinrücken
Fett
Butter
Salz
Pfeffer
Thymian

Zubereitung

Für die Sauce Butter und die gekochten Kastanien mit etwas Zucker glasieren, mit Gemüsefond und Sahne aufgießen und aufkochen, anschließend durch ein Sieb streichen. Sauce erhitzen und mit Salz, Pfeffer und Pfälzer Weinbrand abschmecken. Den Wildschweinrücken würzen, in heißem Fett ca. 3 Minuten auf jeder Seite anbraten, ruhen lassen! In Butter nochmals nachbraten, in feine Stücke schneiden.

Mit Butterspätzle und Rotkraut servieren.

Kastanienrezepte

Süßspeisen und Desserts

Roschdiger Ritter mit Keschdetörtche und Mandelparfait

Zutaten

4 kl Milchbrötchen,
Milch,
Vanillezucker,
Zimt, Zucker
200 g weich gekochte, pürierte Keschde,
50 g Zucker
2 Eigelb, 1 Ei,
250 ml Sahne,
2 Bl Gelantine
2 Eigelb,
2 ganze Eier,
120 g Zucker,
250 ml Sahne
1 cl Amaretto
100 g geröstete Mandeln

Zubereitung

Brötchen-Rinde abreiben, mit Milch und Vanillezucker übergiessen und ziehen lassen. Von den Keschde Mus erstellen, Zucker und Eigelb schaumig schlagen (warm und kalt), Gelantine unterrühren, geschlagene Sahne unterheben und in Förmchen abfüllen. Eier, Eigelb und Zucker schaumig rühren. Msp. Zimt, Mandeln, Amaretto zufügen, Sahne unterheben und in Form füllen. 4 Std. gefrieren lassen. Brötchen ausdrücken, in Brösel wenden, in Butter goldgelb braten und in Zimt und Zucker wenden.

Calvados-Kastanien

Zubereitung

Kastanien in sprudelndes Salzwasser geben, kochen lassen und so heiß wie möglich schälen. Braune Häutchen entfernen.

Wenn alle Kastanien geschält sind, diese in frischem Salzwasser erneut ca. 8 – 10 Minuten kochen lassen. Abtropfen.

In der heißen Butter schwenken, mit Calvados übergießen und mit dem Zucker leicht karamellisieren lassen. Dabei unter ständigem Rütteln zu Ende garen.

Zutaten
400 g Kastanien
2 EL Calvados
1 TL Zucker
20 g Butter oder Margarine

Fruchtiges Kastanien-Dessert

Zubereitung

Kastanien waschen und kreuzweise einschneiden. Reichlich Wasser zum Kochen bringen, Kastanien zugeben und 20 Minuten kochen. Schälen und auch die braunen Häutchen entfernen. Vanilleschote aufschlitzen und zusammen mit Apfelsaft und Puderzucker aufkochen. 10 Minuten köcheln lassen. Kastanien zu dem Saft geben und weitere 20 Minuten kochen lassen. Äpfel und Birne waschen, achteln und das Kerngehäuse entfernen Mit Zitronensaft beträufeln. In den Topf zu den Kastanien geben und 15 Minuten mitkochen. Sahne steif schlagen. Kastanien-Dessert portionsweise anrichten und mit einem Sahnehäubchen servieren.

Zutaten

800 g Kastanien
1 Vanilleschote
0.2 l naturtrüber Apfelsaft
100 g Puderzucker
3 kleine Äpfel
1 Birne
1 Zitrone (Saft)
100 g Schlagsahne

Kastanien-Charlotte

Zubereitung

Kastanien oben kreuzweise einschneiden. Auf ein Backblech legen. In den vorgeheizten Ofen auf die mittlere Schiene schieben und 10 Minuten rösten lassen bei 200° C. Danach die Kastanien schälen. Kastanien, Milch und die aufgeschnittene Vanilleschote in einem Topf 15 Min. kochen, bis die Kastanien zerfallen. Vanilleschote rausnehmen. Masse durch ein Sieb in eine Schüssel passieren.

Zucker und etwas Wasser in einem Topf 5 Minuten kochen lassen. Kirschwasser zugeben und in die Kastanienmasse rühren. Etwas abkühlen lassen. Gelatine zusammengerollt in einen Becher geben. Mit kaltem Wasser bedeckt 5 Minuten einweichen. Ausdrücken und in heißem Wasser auflösen. Unter ständigem Rühren etwas abkühlen lassen.

150 g kandierte Früchte kleinwürfeln. Mit der Gelatine in die Kastanienmasse rühren. Sahne in einer Schüssel steif schlagen. Zwei Drittel davon unter die Kastanienmasse heben. Rest in den Kühlschrank stellen. Eine runde Schüssel mit Pergamentpapier auslegen. Löffelbiskuits drauflegen. Crème einfüllen, glattstreichen und für 120 Minuten im Kühlschrank kalt werden lassen. Auf eine runde Platte stürzen. Mit der restlichen Sahne und den restlichen Früchten garniert servieren.

Zutaten
750 g Kastanien
1/2 l Milch
1 Vanilleschote
50 g Zucker
2 EL Kirschwasser
10 Blattgelatine
200 g kandierte Früchte
3/8 l Sahne
20 Löffelbiskuits

Kastanien in Cognac-Sirup

Zubereitung

Kastanien einritzen und 2 – 3 Minuten im kochenden Wasser angaren. Schälen und häuten. In eine Schüssel geben und mit kaltem Wasser bedecken. Zitronensaft hinzu und eine Nacht ziehen lassen.

Abgießen, dann in einen Topf mit kochendem Wasser geben und garen bis sie zart, aber noch fest sind. Zucker und Weinstein mit 0,6 l Wasser in einen Topf füllen und den Zucker langsam bei niedriger Hitze auflösen. Die gekochten Kastanien zum Sirup geben und weitere 10 Minuten köcheln. Vom Herd nehmen und 24 Stunden ziehen lassen. Am nächsten Tag die Kastanien mit einem Schaumlöffel aus dem Sirup nehmen und diesen bei starker Hitze zu einer honigartigen Konsistenz einkochen. Den Cognac auf 3 Gläser aufteilen, Kastanien hinzugeben und den warmen Sirup übergießen. Gläser verschließen und noch warm auf den Kopf stellen, damit sich der Cognac mit dem Inhalt mischt.

Zutaten
500 g Kastanien
Saft von 3 Zitronen
675 g groben Zucker
3/4 TL Weinstein (Apotheke)
100 ml Cognac

Kastanien mit Äpfel

Zubereitung

Die geschälten Kastanien in einem Kochtopf mit Wasser bedeckt 10 Minuten kochen lassen.

Inzwischen Äpfel schälen, vierteln die Kerne entfernen, in Schnitze schneiden. Rosinen bereitstellen.

Den Zucker mit Wasser aufkochen; Kastanien und Rosinen beigeben, bei geringer Hitze 5 Minuten köcheln lassen. Apfelviertel beigeben, aufkochen, dann 5 Minuten ziehen und abkühlen lassen.

Dessert lauwarm mit einer Schaumkelle in Gläser abfüllen. Rahm schlagen, Dessert damit garnieren.

Zutaten
600 g geschälte Kastanien
4 Äpfel
30 g Rosinen
60 g Zucker
0,1 l Rahm

Kastanien-Bisquit

Zutaten
200 g geröstete Kastanien ohne Schale
250 g Zucker
140 g Mehl
1 TL Backpulver
4 Eier

Für den Guss:
3 Eigelb
2 EL Puderzucker

Zubereitung

Die gerösteten Kastanien fein mahlen. Die Eier mit dem Zucker schaumig rühren und die Kastanien dazugeben. Dann das Mehl mit dem Backpulver vermischen und löffelweise unterarbeiten. Nun mit bemehlten Händen kleine Kugeln formen. Ein Backblech mit eingefettetem Pergamentpapier belegen. Die Kugeln auf das Blech legen und mit einer bemehlten Gabel leicht flach drücken. Jetzt die Eigelb mit dem Puderzucker verrühren und die Plätzchen damit bestreichen.
Im vorgeheizten Backofen bei 175° C 15 – 20 Minuten backen.

Kastanien-Eis

Zubereitung

Rahm steifschlagen. Kastanienpüree mit einer Gabel zerdrücken, Zucker und Weinbrand dazurühren, bis die Masse glatt ist.

Steifgeschlagene Sahne vorsichtig unterheben; in Folien- oder gefrierfeste Förmchen giessen. Mindestens 3 Stunden tieffrieren. Etwa 10 Minuten vor dem Servieren aus dem Tiefkühlfach nehmen und bei Raumtemperatur stehen lassen. Mit Schokoladenraspeln garnieren.

Zutaten
0,3 l Doppelrahm
450 g ungesüsstes Kastanienpüree
120 g Zucker
2 EL Weinbrand
Dunkle Schokoladenraspeln

Kastanien-Ingwer-Crème

Zutaten
4 Eigelb
3 EL Puderzucker
225 g Kastanienpüree
50 g frische Ingwerwurzel
4 EL Orangenlikör
1 EL Zitronensaft
0,3 l Schlagsahne

Zubereitung

Eigelb und Zucker schaumig schlagen und mit dem Ingwer unter das Kastanienpüree ziehen. Mit Orangenlikör und Zitronensaft aromatisieren. Die Sahne steif schlagen und unter das Püree heben.

Auf kleine Schälchen verteilt kaltstellen und als Dessert servieren.

Kastanien-Zimt-Crème

Zubereitung

Das Kastanienmehl mit wenig kalter Milch glattrühren. Restliche Milch aufkochen, angerührtes Kastanienmehl, Zimt und Ahornsirup darunterrühren. Aufkochen und auf kleinem Feuer köcheln lassen, bis die Crème bindet. Crème in einer Schüssel unter gelegentlichem Rühren abkühlen lassen.

Kastaniencrème mit dem Handrührer oder dem Schneebesen luftig aufschlagen. Die steifgeschlagene Sahne darunterziehen. In Portionsschälchen füllen und kühl stellen.

Kastaniencrème mit einem Klecks steifgeschlagener Sahne garnieren.

Zutaten
120 g Kastanienmehl
1/2 l Milch
1/2 TL Zimt
3 EL Ahornsirup
0,2 l Schlagsahne

Kastanienmarmelade

Zubereitung

Die Kastanien im Wasser 20 Minuten köcheln lassen. Wasser abgießen, die Kastanien pürieren. Honig, Vanillezucker und etwas Wasser beigeben, alles gut vermischen und 24 Stunden stehen lassen.

Am nächsten Tag gibt man das Kastanienpüree in einen Kochtopf, kocht es unter Rühren 20 Minuten und füllt es in heiß ausgespülte Gläser ein.

Zutaten

500 g geschälte Kastanien
300 g Honig
1 Prise Vanillemark

Kastanienpüree

Zubereitung

Die Kastanien auf der gewölbten Seite kreuzweise einritzen und mit der flachen Seite aufs Backblech legen. Im vorgeheizten Backofen (200°) etwa 20 Minuten rösten. Heiß aus der Schale brechen und braune Häutchen lösen.

Die geschälten Kastanien knapp mit Wasser bedecken, salzen und ca. 40 Minuten köcheln lassen. Abgetropft mit dem Schneidestab pürieren.

Vanilleschote aufschlitzen, das Mark herauskratzen und zusammen in die Milch geben, zum Kochen bringen. Püree zugeben und unter Rühren einkochen lassen. Zucker und 50 ccm Sahne zugeben, wieder einkochen lassen. Masse vom Herd nehmen, Vanilleschote herausnehmen, das Püree kalt werden lassen und Kirschwasser unterrühren. Die Kastanienmasse durch die feine Scheibe des Fleischwolfes drehen.

Einen Teil der "Würstchen" in Gläser geben, steifgeschlagene Sahne darüber und mit dem restlichen Teil Kastanien abdecken. Zum Schluss einen Tupfer Sahne.

Zutaten

500 g Kastanien
1 Vanilleschote
Salz
0,1 l Milch
50 g Zucker
0,3 l Schlagsahne
1 EL Kirschwasser

Kastanientorte

Zubereitung

Kastanien werden in der Schale weich gekocht, geschält und durchgetrieben. Man rührt die Eigelb mit Zucker und Vanillezucker gut schaumig, gibt die Kastanien und den Eischnee darunter, füllt die Masse in eine gut bestrichene Form und backt die Torte 45 Minuten in mäßiger Hitze.

Zutaten

375 g Kastanien
4 Eigelb
180 g Zucker
etwas Vanillezucker

Mousse von Kastanien auf Orangensauce

Zubereitung

Das Eiweiß mit dem Zucker steif schlagen. Das Kastanienpüree mit dem Kirschwasser unter das Eiweiß geben und die aufgelöste Gelatine unterrühren. Sobald die Masse zu stocken beginnt, die steife Sahne vorsichtig unterheben und in einer Schüssel eine Stunde kalt stellen. Für die Sauce den Zucker in einer Kasserolle leicht karamellisieren lassen und mit dem Zitronen- und Orangensaft ablöschen. Die geriebene Orangenschale und den Grand Manier hinzufügen und 5 Minuten kochen lassen. Danach mit der angerührten Speisestärke leicht abbinden und kalt stellen. Die Orangensauce auf einen Teller gießen und das Kastanien-Mousse mit einem Löffel aus der Schüssel abstechen und auf die Sauce geben. Mit etwas geschlagener Sahne und Kastanien garnieren und servieren.

Zutaten

3 Eiweiß
130 g Zucker (Puderzucker)
4 Blatt Gelatine
400 g geschlagene Sahne
250 g pürierte Kastanien
6 cl Kirschwasser

Orangensauce:

1/4 l frischer Orangensaft
Saft einer Zitrone
50 g Zucker
abgeriebene Schale von 2 Orangen
2 cl Grand Manier
ein wenig Speisestärke